首都圏版⑩ 最新入試に対応！ 家庭学習に最適の問題集!!

雙葉小学校

過去問題集

2021～2024年度 実施試験 計4年分収録

問題集の効果的な使い方

①学習を始める前に、まずは保護者の方が「入試問題」の傾向や、どの程度難しいか把握をします。すべての「アドバイス」にも目を通してください。
②各分野の学習を先に行い、基礎学力を養いましょう！
③力が付いてきたと思ったら「過去問題」にチャレンジ！
④お子さまの得意・苦手がわかったら、その分野の学習を進め、全体的なレベルアップを図りましょう！

厳選! 合格必携 問題集セット

記憶	お話の記憶 中級編・上級編
記憶	Jr. ウォッチャー ⑲「お話の記憶」
行動観察	Jr. ウォッチャー ㉙「行動観察」
図形	Jr. ウォッチャー ㉟「重ね図形」
図形	Jr. ウォッチャー ㊺「図形分割」

日本学習図書 ニチガク

こんなこと…ありませんか？

「ニチガクの問題集…買ったはいいけど、、、
この問題の教え方がわからない（汗）」

メールでお悩み解決します！

- ☆ ホームページ内の専用フォームで必要事項を入力！
- ☆ 教え方に困っているニチガクの問題を教えてください！
- ☆ 確認終了後、具体的な指導方法をメールでご返信！
- ☆ 全国どこでも！スマホでも！ぜひご活用ください！

<質問回答例>

推理分野の学習では、後の学習に活きる思考力を養うことができます。ご家庭で指導する場合にも、テクニックにたよらず、保護者の方が先に基本的な考え方を理解した上で、お子さまによく考えさせることを大切にして指導してください。

Q.「お子さまによく考えさせることを大切にして指導してください」と学習のポイントにありますが、考える習慣をつけさせるためには、具体的にどのようにしたらいいですか？

A. お子さまが考える時間を持てるように、質問の仕方と、タイミングに工夫をしてみてください。
たとえば、「答えはあっているけど、どうやってその答えを見つけたの」「答えは○○なんだけど、どうしてだと思う？」という感じです。
はじめのうちは、「必ず 30 秒考えてから手を動かす」などのルールを決める方法もおすすめです。

まずは、ホームページへアクセスしてください!!

https://www.nichigaku.jp　日本学習図書　検索

家庭学習ガイド
雙葉小学校

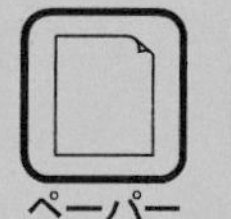

ペーパー　巧緻性　行動観察　親子面接

入試情報

応 募 者 数：女子　非公表
出 題 形 式：ペーパー・ノンペーパー
面　　　接：保護者・志願者
出 題 領 域：ペーパー（お話の記憶、数量、常識、図形)、巧緻性、行動観察

入試対策

記憶力・理解力・思考力はもちろん、スピード、正確さ、一度に多くの指示を聞き取る注意力が必要なります。ここ数年、問題がやさしくなっている傾向はありますが、やさしくなると平均点も上がる傾向にあるため、ケアレスミスは禁物です。分野的にだけでなく、難度的にも幅広い出題がなされています。一つの問題の中で分野をまたいで複合的な問題の出題がされていますので基礎をしっかりと固めた上で、応用力も必要になります。

●巧緻性の問題では、ひも結びや箸使いなど、生活に密着した課題が頻出しています。

●行動観察では、コミュニケーション能力が評価対象になっています。指示を理解して実行することはもちろん、はじめて会うお友だちに自分の考えを伝え、相手の意見や主張も尊重できるようにしましょう。

●当校は志願者数が非公表ですが、倍率は10倍を超えると言われています。ペーパーだけでなく、生活面、面接対策もしっかり行って、万全の準備で臨みましょう。

「雙葉小学校」について

〈合格のためのアドバイス〉

本校の求める「年齢相応の躾、生活習慣、考える力のある児童」を見極めるため、コロナ禍でも大きな変化はなく、多角的な内容で行われました。幅広い分野からの出題があり、複数の指示や複雑な指示がある設問もあります。以前に比べればやさしくなってきているとはいえ、難度の高い問題も見られます。ペーパーテスト対策としては、幅広い分野（お話の記憶、数量、常識、図形など）の学習を進めることに加えて、複合的な問題にも対応できるようにしておく必要があります。

また、解答時間がやや短めに設定されているので、ふだんから素早く判断することを意識した学習を心がけ、考査本番で慌てないようにしてください。小さな見直しをこまめにする習慣を付けることも効果的です。

難問と言われる問題が出題されることが当校の特徴でもありますが、そのほとんどが指示の複雑さによるものです。戸惑うことなく正解するためには、基本的な処理を素早く正確に行うことが大切です。そのためにも、指示を的確に理解できるよう、練習しておいてください。

面接は両親が揃った親子面接の形式で行われています。志願者と保護者が相談をして回答するという課題が面接の中で出題されるので、自然なコミュニケーションがとれるように日常生活の中での会話を心がけてください。

〈2024 年度選考〉

〈１日目〉
- ◆ペーパーテスト
- ◆巧緻性

〈２日目〉
- ◆行動観察
- ◆保護者・志願者面接

◇過去の応募状況

2024 年度	女子	非公表
2023 年度	女子	非公表
2022 年度	女子	非公表

〈本書掲載分以外の過去問題〉

- ◆常識：色が変わる花を選ぶ。[2016 年度]
- ◆推理：すごろくで１番早くゴールする動物を選ぶ。[2016 年度]
- ◆図形：パズルで使わないパーツを選ぶ。[2016 年度]
- ◆巧緻性：ビンの蓋を外して空いているお皿に載せる。[2016 年度]
- ◆行動観察：レストランごっこ。[2016 年度]
- ◆図形：折り紙を折って、一部を切り取って広げた時の正しい形を選ぶ。[2015 年度]
- ◆常識：昔話に出てこないものを選ぶ。[2015 年度]
- ◆行動観察：忍者ごっこ。[2015 年度]

雙葉小学校
過去問題集

〈はじめに〉

現在、少子化が叫ばれているにもかかわらず、私立・国立小学校の入学試験には一定の応募者があります。入試は、ただやみくもに学習するだけでは成果を得ることはできません。志望校の過去における出題傾向を研究・把握した上で、練習を進めていくこと、試験までに志願者の不得意分野を克服していくことが必須条件です。そこで、本問題集は小学校を受験される方々に、志望校の出題された問題をより分かりやすく理解して頂くために、アドバイスを記載してあります。最新のデータを含む精選された過去問題集で実力をお付けください。

また、志望校の選択には弊社発行の「**2025年度版　首都圏・東日本　国立・私立小学校　進学のてびき**」をぜひ参考になさってください。

〈本書ご使用方法〉

◆出題者は出題前に一度問題を通読し、出題内容などを把握した上で、〈**準　備**〉の欄に表記してあるものを用意してから始めてください。
◆お子さまに絵の頁を渡し、出題者が問題文を読む形式で出題してください。問題を読んだ後で、絵の頁を渡す問題もありますのでご注意ください。
◆「**分野**」は、問題の分野を表しています。弊社の問題集の分野に対応していますので、復習の際の目安にお役立てください。
◆一部の描画や工作、常識等の問題については、解答が省略されているものがあります。お子さまの答えが成り立つか、出題者が各自でご判断ください。
◆〈**時　間**〉につきましては、目安とお考えください。
◆本文右端の［**○年度**］は、問題の出題年度です。［**2024年度**］は、「2023年の秋に行われた2024年度入学志望者向けの考査で出題された問題」になります。
◆**学習のポイント**は、指導の際にご参考にしてください。
◆【**おすすめ問題集**】は各問題の基礎力養成や実力アップにご使用ください。

〈本書ご使用にあたっての注意点〉

◆文中に**この問題の絵は縦に使用してください。**と記載してある問題の絵は縦にしてお使いください。
◆〈**準　備**〉の欄で、クレヨン・クーピーペンと表記してある場合は12色程度のものを、画用紙と表記してある場合は白い画用紙をご用意ください。
◆文中に**この問題の絵はありません。**と記載してある問題には絵の頁がありませんので、ご注意ください。なお、問題の絵の右上にある番号が連番でなくても、中央下の頁番号が連番の場合は落丁ではありません。
下記一覧表の●が付いている問題は絵がありません。

問題1	問題2	問題3	問題4	問題5	問題6	問題7	問題8	問題9	問題10
							●	●	
問題11	問題12	問題13	問題14	問題15	問題16	問題17	問題18	問題19	問題20
					●	●	●	●	
問題21	問題22	問題23	問題24	問題25	問題26	問題27	問題28	問題29	問題30
						●	●		
問題31	問題32	問題33	問題34	問題35	問題36	問題37			
				●	●	●			

㊢ 先輩ママたちの声！

◆実際に受験をされた方からのアドバイスです。
ぜひ参考にしてください。

雙葉小学校

・子どもが行動観察の試験を受けている間、保護者は別室で待機します。多くの方が、その後に控える親子面接に備えて、準備した書類などを出して静かに読んでいらっしゃいました。

・問題がやさしくなっているという話もありますが、そうなると平均点も上がるので油断はできません。

・解答時間が短めなので、制限時間内に解く練習が必須です。

・年中くらいから準備をしないと間に合わないということを痛感しました。自立心や理解力が高い子が合格しているように感じました。

・面接では、内容云々よりも親子のコミュニケーションが重視されているように感じました。

・試験の内容に大きな変化はありませんでしたが、面接が両親からどちらか１人になったので大きな責任を感じました。

・先生方は、とても穏やかで話しやすい雰囲気でした。

・カトリック教育と女子校のメリットとデメリットについては、しっかり考えておいた方がよいと思います。

・ふだんから、親としての立ち居振る舞いを意識しておく必要があります。

・受付終了の25分くらい前に控室に入りましたが、すでに大半の方が着席していました。

◎学習効果を上げるため、前掲の「家庭学習ガイド」及び「合格のためのアドバイス」をお読みになり、各校が実施する入試の出題傾向を、よく把握した上で問題に取り組んでください。
※冒頭の「本書のご使用方法」「ご使用にあたっての注意点」も併せてご覧ください。

2024年度の最新入試問題

問題1　分野：お話の記憶

〈準備〉　青のフェルトペン

〈問題〉　お話をよく聞いて、次の質問に答えてください。

今日は幼稚園のピクニックの日です。クマ先生とウサギさん、ネズミさん、ゾウさん、ヒツジさん、キリンさんのみんなで湖を出発し、山のてっぺんを目指して歩きます。ヒツジさんは歩きながら「すごくいい天気だね、気持ちがいいな」と言いました。それに続くようにキリンさんも「菜の花がたくさん咲いてきれいだな」とつぶやきました。みんなでワイワイお喋りをしながら山道を歩いていきます。しばらく、歩いていると道がうねうねしてきました。木の根っこもたくさん浮き出ています。すると、途中でウサギさんが木の根っこにつまづき、転んでしまいました。ウサギさんは足をひねってしまい「もう歩けないよ」と言っています。それを聞いたネズミさんは「じゃあ、僕がおんぶしてあげるよ」と言うと、ゾウさんが「それなら、僕はネズミさんより体が大きいから、僕がウサギさんをおんぶするよ」と言いました。そのまま、ゾウさんは長い鼻を使って、軽々とウサギさんを背中に乗せました。しばらくすると、つり橋が見えてきました。ネズミさんは「わー、橋だ」と言って走って渡りました。それに続いて、ヒツジさん、ウサギさんを背中に乗せたゾウさんが渡りました。キリンさんは「怖くて、渡れないよ」と言い、橋の前で立ち止まってしまいました。クマ先生はそんなキリンさんに「じゃあ、私と一緒に渡りましょうか」と言って２人で、手をつないで橋を渡りました。みんなが橋を渡り終えると、もう山のてっぺんは目の前です。てっぺんに着くと、みんなでお昼を食べることになりました。それぞれがお弁当を出しているとヒツジさんの「どうしよう、困ったな」という声が聞こえました。どうやら、ヒツジさんはお弁当を忘れてしまったようです。みんなはそれを見て、お弁当を分けてあげることにしました。ヒツジさんはみんなから、おにぎり、サンドイッチ、卵焼きをもらいました。みんなは山のてっぺんからの景色を見ながら、おいしいご飯を食べました。

（問題１の絵を渡す）
①お話の季節と同じ季節の絵を選んで○をつけてください。
②動物たちの歩いた場所が正しい順番で並んでいるものはどちらでしょうか、○をつけてください。
③お話にでてこなかった動物に○をつけてください。
④転んでしまった動物に○、背中に乗せた動物に△をつけてください。
⑤ヒツジさんがもらったものに○をつけてください。

〈時間〉　各15秒

〈解答〉　①左端　②右　③右端　④○：右から３番目、△：左から３番目
⑤左端、真ん中、右端

アドバイス

お話の記憶の問題です。内容としてはオーソドックスなものになっています。こうした、お話の記憶への対策としては、学習とは別に、普段から絵本や童話などに触れる機会を多くつくることをおすすめいたします。読み聞かせをした後は、そのまま終わりにするのではなく、どのようなお話だったか、お話を聞いてどう思ったか、お子さまにいくつか質問をしたり、感想を伝え合ったりするとよいでしょう。そうすることで、内容をより深く理解することができます。加えて、本校ではこの問題のようにお話の記憶で季節などの常識の問題が問われることもあります。読み聞かせのお話に季節や花などが登場した時には、一緒に学び、勉強の機会としましょう。

【おすすめ問題集】

Ｊｒ・ウォッチャー19「お話の記憶」、NEWウォッチャーズ私立　記憶、
苦手克服　記憶、１話５分の読み聞かせお話集①・②、
お話の記憶問題集 初級編・中級編・上級編 、お話の記憶ベスト30

問題2　分野：推理

〈準備〉　青のフェルトペン

〈問題〉　動物たちがそれぞれリボンを持っています。
①ブタの持っているリボンはどの動物とつながっていますか。その動物に○をつけてください。
②ネコの持っているリボンは何回、他の動物が持っているリボンの下を通っていますか、その数だけ四角の中に○を書いてください。
③イヌの持っているリボンは、輪っかがいくつできていますか、その数だけ四角の中に○を書いてください。

〈時間〉　各30秒

〈解答〉　下図参照

アドバイス

全体として問題を見ると、やや複雑な絵に見えますが、問題で問われているものは１匹の動物が持っているリボンに関してです。ですので、１問ごとに１本のリボンに注目して迷路を追うように解きましょう。解答を確認する時に、リボンごとにそれぞれ別の色のペンでなぞりながら、確認すると分かりやすいかもしれません。また、この問題にある紐が輪っかになっている数やリボンの下を複数回通っている場面は日常でも見かけるものです。本校では、日常の場面が題材とされることも多いため、生活での体験を学びの場として、身の周りの状態や、数、形にも興味を持つことが大切です。

【おすすめ問題集】
Ｊｒ・ウォッチャー7「迷路」

問題３　分野：比較

〈準　備〉　青のフェルトペン

〈問　題〉　**この問題の絵は縦に使用してください。**
１番上のお手本を見てください。下の紐の結び目をほどいたら、２つの紐は同じ長さになります。

①２つの紐のうち、長い方に○をつけてください。
②２つの紐のうち、短い方に○をつけてください。
③３つの紐のうち、３番目に短い紐に○をつけてください。

〈時　間〉　１分

〈解　答〉　下図参照

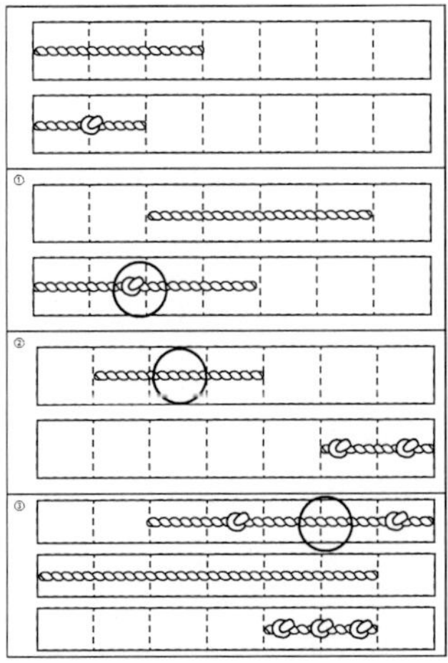

アドバイス

この問題は、紐の始まる位置が揃っていないこと、結び目があること、問題の質問の聞き方の３点が複雑になっている要因です。最初の２つに関しては、実際の紐を使い、端をそろえて確かめてしましょう。結び目の部分は数を確認してその場で、そのくらい長さが変化するのかも同時に確かめてみてください。言葉で説明されるより、目の前で実際に行うことですっきりと理解ができます。「問題の聞き方」に関しては、「３番目に短い紐」とあるように、最後まで聞き、理解してから解き始める必要があります。お子さまが問題が読まれている途中で解き始めるような癖がある場合は直すようにしましょう。普段のペーパーの練習をしている時に、一度解けた問題でも、聞き方を変えて、もう一度復習してみるといった工夫をすることもおすすめします。お子さまが問題文にも意識が向くようになってきます。

【おすすめ問題集】

Ｊｒ・ウォッチャー58「比較②」、

基礎力アップトレーニングシリーズ3 比較力アップ

問題４　分野：常識（昔話）

〈準備〉　青のフェルトペン

〈問題〉　①左の絵の昔話に、出てくるものはどれですか、○をつけてください。
②左の絵の昔話に、出てくるものはどれですか、○をつけてください。
③左の絵の昔話に、出てこないものはどれですか、○をつけてください。
④左の絵の昔話に、出てこないものはどれですか、○をつけてください。

〈時間〉　１分

〈解答〉　下図参照

家庭学習のコツ①　「先輩ママたちの声」を読みましょう！

本書冒頭の「先輩ママたちの声」には、実際に試験を経験された方の貴重なお話が掲載されています。対策学習への取り組み方だけでなく、試験場の雰囲気や会場での過ごし方、お子さまの健康管理、家庭学習の方法など、さまざまなことがらについてのアドバイスもあります。先輩ママの体験談、アドバイスに学び、ステップアップを図りましょう！

アドバイス

昔話の内容をしっかりと把握していないと解けない問題です。お話のタイトルは知っていても、内容は知らないというお子さまは少なくありません。試験対策のためだけに、タイトルと有名な場面だけを憶えるという学習もありますが、おすすめはしません。物語の読み聞かせを行い、全体の内容を把握させるということが大事です。また、この問題の場合は前半が「出てくるもの」、後半は「出てこないもの」と、途中で聞かれている内容が変わっています。ですので、途中まで解いて、そのままの流れで先走って問題を解いてしまうと間違いになります。この問題に限らず、小学校受験の場合、問題文の指示をしっかり聞けているかで注意力なども測られるため、普段の学習から最後まで問題文を聞くという習慣を身に付けましょう。

【おすすめ問題集】
分野別 苦手克服問題集 常識編

問題5　分野：数

〈準備〉　青のフェルトペン

〈問題〉　①最初、左の絵のように、もみじが6枚、ドングリが8個ありました。しかし、風に飛ばされてしまって、右の絵のようになりました。もみじとドングリはそれぞれ何枚、風に飛ばされましたか。その数だけ四角の中に○を書いてください。
②左の3つの袋にはそれぞれ、もみじが3枚とドングリが2個ずつ入っています。それを右の袋のように入れ替える時、袋はいくつできますか。その数だけ四角の中に○を書いてください

〈時間〉　1分

〈解答〉　下図参照

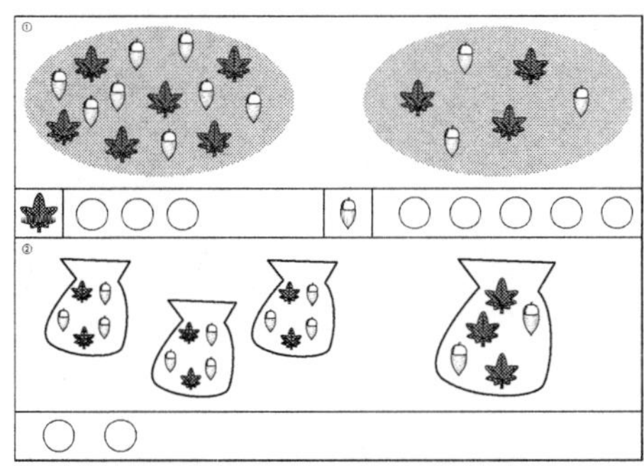

アドバイス

上の問題は非常にシンプルな問題なのでしっかりと正答できるようにしましょう。カウントのコツとしては「数える向き決めておく」、「数えたものに印をつける」の二つがあります。数える向きというのは、例えば、右上から左に数えていくというように、常に一定方向にカウントをするようにします。数えたものに印をつける時の注意点として、あまり大きく書きすぎると解答記号を誤ったと捉えられてしまいます。誤解されないように小さく書くようにしましょう。後半の問題も数を分けるシンプルなものです。数の感覚は日常生活で養うことができます。例えば、食事の際に、箸の数を人数分そろえるには何本の箸が必要なのかを聞いてみたり、テーブルに並んでいる食器は何人分あるのかを確かめることで自然と数に対する意識づけを行うことになります。日常生活と学習を分けるのではなく、日常の中に学習の機会を見つけていきましょう。

【おすすめ問題集】
Ｊｒ・ウォッチャー14「数える」、41「数の構成」

問題6　分野：四方からの観察

〈準備〉　青のフェルトペン

〈問題〉　水槽の中を魚が泳いでいます。
①四角の中に描いてある魚と同じ魚はどれですか、絵に○をつけてください。
②水槽を反対から見た時の絵はどれですか、正しいものに○をつけてください。

〈時間〉　1分

〈解答〉　下図参照

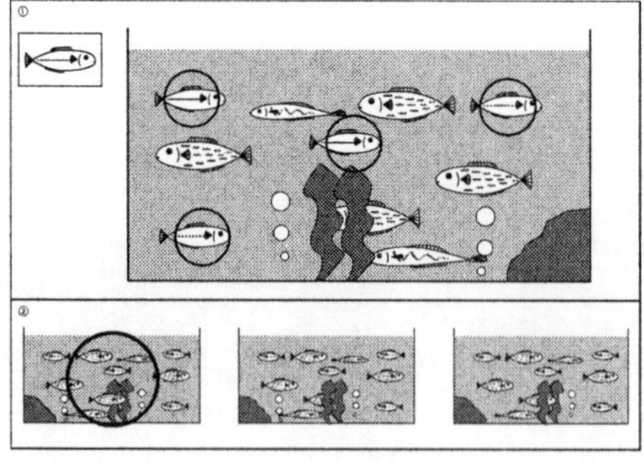

アドバイス

同図形の発見と、四方からの観察が一緒になった問題です。どちらも解き方としては同じ方法が使用できます。まずは全体を見て、大まかにどこが異なる部分なのを把握します。次に、そこに注目して、どのように異なっているのかということを見つけてるが大切です。先に小さなものに注目してしまうと、全体が見えなくなってしまいますから注意しましょう。また、水槽の反対側から見るというものですが、誤答の選択肢もどこが違うのかお子さまに質問してみてください。そうすると、本当に分かっていて正解できたのどうか確認できます。お子さま自身が説明することで理解も深まりますから、この問題以外にも間違いがなぜ間違いなのかを説明させてみるというやり方は有効です。

【おすすめ問題集】
Ｊｒ・ウォッチャー4「同図形探し」、10「四方からの観察」、
53「四方からの観察　積み木編」

問題7　分野：制作（巧緻性）

〈準備〉　紐、ビーズ（７個）

〈問題〉　**この問題は絵を参考にしてください。**
「たま結びをして、ビーズを通し、たま結びをする」この作業を繰り返す。

〈時間〉　３分

〈解答〉　省略

アドバイス

課題の内容と時間から見て、最後までやり遂げることは非常に難しいです。実際の試験会場でも、最後まで終了したお子さまはほぼゼロに近かったようです。そうしたことから試験の意図は、難しい課題と向き合っている時の態度の観察と考えられます。制作の課題では、作業中の姿勢も点数に含まれるという行動観察としての一面もあります。特に、本校の場合は根気が必要になる作業が制作で出題される傾向にあります。過去に出題されたものをやってみて、お子さまがどのような姿勢で取り組んでいるかしっかりと確認しておきましょう。もし、落ち着きがなくなったり、すぐに投げ出してしまうようであれば、保護者の方も一緒にやってみることをおすすめします。保護者の方とお子さまとで、一緒に行い「どちらが多く作業をできるか」といったゲーム要素があれば、お子さまの興味を引くことにつながります。楽しみながら、練習をしていると集中力も上達速度も変わってきます。

【おすすめ問題集】
Ｊｒ・ウォッチャー25「生活巧緻性」、実践ゆびさきトレーニング①・②・③

問題8　分野：行動観察

〈準備〉　段ボール、ハートや星型の風船、ティッシュの箱（20個）

〈問題〉　**この問題の絵はありません。**
（４～５人のグループになって行う）
①段ボールを並べてテーブルをつくりましょう。
②風船を使って段ボールを飾り付けましょう。

（４～５人のグループになって行う）
ティッシュの箱を使って好きな遊びをしましょう。何をするかはグループで話し合って決めてください。

〈時間〉　適宜

〈解答〉　省略

アドバイス

問題を見て分かる通り、かなり自由度の高い課題です。このような問題の場合、独創性、積極的な提案、工夫、協調性、そして自分たちが楽んで行っているかがポイントとなります。ですので、普段からこのような態度を取ることでできているかが重要になります。特に、行動観察のような場面では、付け焼刃で対策をとることは難しいです。日常生活において、保護者の方は指示語を減らし、お子さま自身に考えさせるようにしましょう。また、お友達の意見を積極的に聞き入れつつ、話し合いができるかことも非常に重要になります。コロナ禍の生活は人との関わる機会を減らしました。その経験量を取り戻すためにも、他者との積極的な関わりが大切です。

【おすすめ問題集】
Ｊｒ・ウォッチャー29「行動観察」、56「マナーとルール」

問題９　分野：面接

〈準備〉　おもちゃのケーキ、クラッカー、紙ナプキン、輪つなぎ、
以上を机の上に並べておく。

〈問題〉　**この問題の絵はありません。**
（志願者から最初に質問を受ける）
【志願者へ】
・机の上のものは、どんな時に使いますか。
・誰かお祝いをしたい人はいますか。
・どんなお祝いをしたらよいかお父さん、お母さんと話し合ってみてください。

【父親へ】
・小さい頃のお誕生日の思い出をお子さまに話してあげてください。
・最近、ご家族で楽しかった思い出は何ですか。
・お父さまは子どもの頃どんな遊びをしていましたか。
・お子さまとどんなことをして遊びますか。
・本校を志望した理由は何ですか。
・女子校についてどう思いますか。

【母親へ】
・最近ご家族で楽しかった思い出は何ですか。
・本校を志望した理由は何ですか。
・女子校についてどう思いますか。

〈時間〉　10分程度

〈解答〉　省略

アドバイス

その場で、お子さまと会話するという場面があることがこの面接の特徴と言えます。このことから、学校は普段どのような調子でお子さまとの会話が交わされているのかということを観たいのではないかと、推測できます。日々の会話を大切にしてください。注意点としては、お子さまと会話をする時、しっかりと文章で会話をしているでしょうか。例えば、水が欲しい時には「水」と単語だけで伝えるのではなく、「水を下さい」という言葉で伝えるようにしましょう。言葉を正しくするということは、短い期間ではできませんので、日常の中で取り組んでいくことをおすすめします。お子さまは日頃の大人の会話を耳にして言葉を覚えていきます。一度、身に付いた話し言葉はなかなか抜けないものです。保護者の方も一緒に取り組み、気をつけるようにしましょう。

【おすすめ問題集】
面接テスト問題集、入試面接最強マニュアル、新・小学校面接Ｑ＆Ａ

2023年度以前の過去問題

問題10　分野：お話の記憶

〈準備〉　青のフェルトペン

〈問題〉　**この問題の絵は縦に使用してください。**

夕ご飯を食べてマコちゃんがお兄さんと遊んでいると、「マコちゃん、もう寝る時間だよ」とお兄さんに言われたマコちゃんは、「おやすみなさい。お兄ちゃん、また明日遊ぼうね」と言ってお布団に入りました。しばらくするとマコちゃんはもう夢の世界です。マコちゃんはもう、ぐっすり寝ています。「おや！」ふと気が付くと、マコちゃんは、森の湖のそばにいました。湖は森の木や花が水に映っていてとてもきれいです。湖のそばを歩いていると、周りの林の中から、ゴソゴソ、カサカサという音が聞こえてきます。「何の音かしら」と音のする方へ歩いているうちに、ここがどこなのか分からなくなってしまいました。ゴソゴソ、カサカサという音がだんだん近くに聞こえてくるようになり、後ろを振り向いた時、３匹の子熊が草むらから顔を出しました。３匹ともかわいい子熊で同じ格好をしています。１匹はメガネをかけて、縞々の帽子をかぶっています。１匹はリボンを付けて口の周りが白くなっています。もう１匹は白い帽子をかぶり、ボタンが２つ付いている服を着ています。マコちゃんはびっくりしていると３匹の子熊たちがニコニコしながら、マコちゃんのところに近づいてきて、順番に話し始めました。メガネをかけて花を持っているクマさんが、「僕は、お花が好きで自分で花を育てているんだ」と話し、マコちゃんに黒い種をくれました。リボンを付けたクマさんが、「私はお菓子を作るのが好きで、このクッキーを作ったんだよ。おいしいから食べてね」と言ってクッキーを手渡しました。白い帽子をかぶっているクマさんが「僕は野菜などを育てるのが好きなんだよ」そのクマさんはバケツとスコップとダイコンを持っていました。そして「種をまくのならバケツとスコップが必要でしょう。これをあげるよ」と言ってバケツとスコップを手渡してくれました。マコちゃんは「ありがとう。うれしいわ」とお礼を言うと「よかったら僕たちの家に来ませんか」誘われたまこちゃんは、クマさんたちと一緒に行くことにしました。クマさんたちの家はすぐ近くにあり、真ん中の家は果物の形をしていて、煙突から煙が出ていました。その左隣はピーマンの形をした家で、右隣にはお花の形をした家が並んでいました。真ん中の家に行くと、テーブルにおせんべいが置いてあり、みんなで１枚ずつ食べました。残ったの2枚だけでした。マコちゃんとクマさんたちは湖にいるお魚の話や、森に棲んでいるお友達のいろいろな話をしてとても楽しく過ごしました。でも、もう帰らなければなりません。「今日はみんなと会えて楽しかったわ、また会いましょうね」とお礼を言って帰ろうとしたときに「マコちゃん、もう起きないと、幼稚園に行くのが遅くなるよ」というお母さんの声が聞こえてきました。目を覚ましたマコちゃんは、「あ～楽しかったのは、夢だったんだ」とクマさんたちのことを思い出して「フフッ」と笑いながら起きました。

家庭学習のコツ②　「家庭学習ガイド」はママの味方！

問題演習を始める前に、試験の概要をまとめた「家庭学習ガイド（本書カラーページに掲載）」を読みましょう。「家庭学習ガイド」には、応募者数や試験課目の詳細のほか、学習を進める上で重要な情報が掲載されています。それらの情報で入試の傾向をつかみ、学習の方針を立ててから、対策学習を始めてください。

①クマさんと会ったところはどんなところでしたか。その絵に○をつけてください。
②３匹のくまさんの絵に○をつけてください。
③クマさんに出会ったとき、クマさんが持っていたものに△を、マコちゃんがもらったものに○をつけてください。
④クマさんお家で食べたおせんべいは、食べる前には何枚ありましたか。その数だけ四角に○を書いてください。
⑤３匹のクマさんの家はどれでしょうか。○をつけてください。

〈時間〉　各15秒

〈解答〉　下図参照

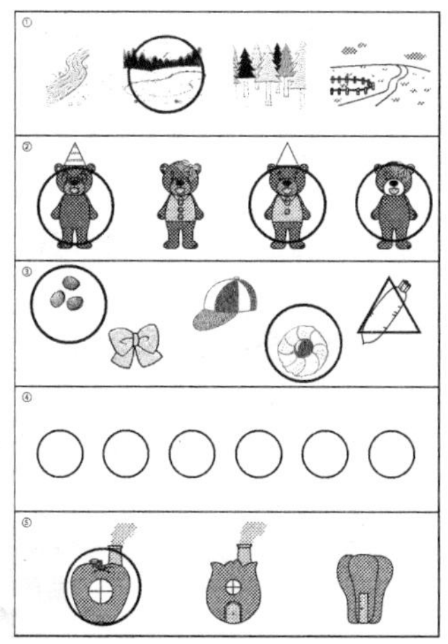

［2023年度出題］

アドバイス

お話の記憶ではこのように、現実での出来事と夢の中での話が一緒になっているものがよく出題されます。どこまでが夢の中でのお話なのかを、聞いている間に把握することが重要です。当校の読み上げは、録音させた音声で出題されます。実際の人が読み上げるものより、少し異なる部分もありますので、録音された音声に慣れておくことも重要と言えるでしょう。試験が近づいてきたら、お話の記憶の文章を読むときは、一定のスピードで抑揚を少なくしてみたり、録音したものを使ってみたり、試験に近づけるということもおすすめします。読み聞かせも様々な人の手を借り、抑揚をつけたり、読み方を変えるなどして、慣れていない人の声や読み方でも聞きとれ、記憶できる練習をしましょう。

【おすすめ問題集】
Ｊｒ・ウォッチャー19「お話の記憶」、NEWウォッチャーズ私立　記憶、
苦手克服　記憶、１話５分の読み聞かせお話集①・②、
お話の記憶問題集 初級編・中級編・上級編 、お話の記憶ベスト30

問題11　分野：記憶（数量）

〈準備〉　青のフェルトペン

〈問題〉　さとちゃんはお父さんとお母さん、妹とピクニックをするために、川に来ました。川原で、お父さんと妹のみきちゃんとボール遊びをしていると、お母さんの「ご飯にしましょう」という声が聞こえたので、ビニールシートの所に行き、お昼ご飯を食べることにしました。ビニールシートの所には、おにぎりと卵焼き、ソーセージ、ミニトマトがおいしそうに用意されていました。お父さんがおにぎりを３個、お母さんが２個、妹は１個、さとちゃんは２個食べたので、１個残りました。ミニトマトはみんなが４個ずつ食べられる数が入っていました。妹のみきちゃんはミニトマトが大好きなので、さとちゃんは１個、お父さんは２個、お母さんは１個、みきちゃんにあげました。ご飯を食べていると、小鳥が３羽、飛んでいくのが見えました。しばらくすると、どこからか２羽の小鳥が飛んできて、また、にぎやかになりました。

①持っていったおにぎりは全部でいくつあったでしょうか。左上の四角にその数だけ○を書いてください。
②妹のみきちゃんは、ミニトマトをいくつもらいましたか。その数だけ右上の四角に○を書いてください。
③小鳥が飛んでいった数を○で、飛んできた数を△で書いてあります。正しく描いてあるのはどれでしょうか。○をつけてください。
④お母さんが食べたミニトマトはいくつでしたか。右下の四角に、その数だけ○を書いてください。

〈時間〉　各30秒

〈解答〉　①○：９　②○：４　③左端　④○：３

［2023年度出題］

家庭学習のコツ③　「家庭学習ガイド」はママの味方！

問題演習を始める前に、試験の概要をまとめた「家庭学習ガイド（本書カラーページに掲載）」を読みましょう。「家庭学習ガイド」には、応募者数や試験課目の詳細のほか、学習を進める上で重要な情報が掲載されています。それらの情報で入試の傾向をつかみ、学習の方針を立ててから、対策学習を始めてください。

アドバイス

お話は身近な内容になっており、文章の量も少ないので記憶はしやすいでしょう。しかし、問われていることは、数の和と差であり、難易度の高い問題となっています。おにぎりの数はみんなが食べた数と最後に残った数まで足さなければ正解になりません。ミニトマトは最初に言われた１人につき４個という数に惑わされずに、お父さん、お母さん、さとちゃんが渡した数を足すと正しい答えがでます。危険なことは、先入観を持ってお話を聞くことです。すべてのことに言えることですが、集中してしっかり最後まで聞くことを身につけてください。生活のすべては記憶が基本となっているといっても過言ではありません。お話の記憶は日々の読み聞かせの量に比例すると言われていますので、しっかりと行いましょう。記憶力を高めるために弊社発行の基礎力アップ問題集の①記憶・②スピード・③比較で記憶力をやってみてください。基本的なことがしっかり身につきます。

【おすすめ問題集】
Ｊｒ・ウォッチャー19「お話の記憶」、NEWウォッチャーズ私立　記憶、
苦手克服　記憶、１話５分の読み聞かせお話集①・②、
お話の記憶問題集 初級編・中級編・上級編 、お話の記憶ベスト30

問題12　分野：数量

〈準備〉　青のフェルトペン

〈問題〉　（問題12－１の絵を渡す）
絵を見てください。
（問題12－２の絵を渡す）
①ここには、何種類の生き物の足跡が描いてありますか。１番上の四角にその数だけ○を書いてください。
②２段目の四角に描いてある足跡の生き物は、全部で何頭いますか。その数だけ○を書いてください。
③１番数の多い生き物は何頭いますか。その数だけ○を書いてください。
④１番少ない生き物の足跡に×を付けてください。

〈時間〉　各30秒

〈解答〉　①○：５　②○：３　③○：５　④左端

［2023年度出題］

アドバイス

まず描かれてある足の形から何の動物か分かったでしょうか。それが分からなければ、この問題は手も足もでません。動物によって４本足で立っているのか、２本足なのかが異なり、それによって、同じ足跡の数でも頭数は違ってきます。じっくり考えてしまうと時間が足りなくなってしまいます。ですので、それぞれの動物の足の数を身近なものとして理解しておくことが必要になります。普段から身の周りの生き物などへの興味を深めましょう。この問題を機会に、生き物について調べてみましょう。そして、仲間集め（分類毎に分ける）をすることで、さまざまな知識が身に付いてきます。また、解答記号も○だけではありませんから、しっかりと問題を最後まで聞かなければいけません。

【おすすめ問題集】

Ｊｒ・ウォッチャー11「いろいろな仲間」

問題13　分野：推理思考

〈準備〉　青のフェルトペン

〈問題〉　絵を見てください。
たくさん矢印が描いてあります。これからクマさんとキツネさんがお約束の通りに進みます。話が終わるまで手はお膝に置いてください。

お約束を言います。太鼓の音の時は矢印の通り３つ進みます。ラッパのときは2つ進みます。すずの時は矢印とは反対の方向へ１つ進みます。

①クマさんが進みます。太鼓が１回なりました。ラッパが1回なりました。すずが１回なりました。クマさんがいるところに○を書いてください。

②キツネさんが進みます。太鼓が１回なりました。また太鼓が１回、もう１回太鼓がなりました。すずが１回なりました。ラッパが１回なりました。キツネさんがいるところに△を書いてください。

③クマさんからキツネさんに行くのに1番少ない数で行くには何回楽器を鳴らしたらよいでしょうか。その数だけ下の四角に○を書いてください。

〈時間〉　各30秒

〈解答〉　下図参照

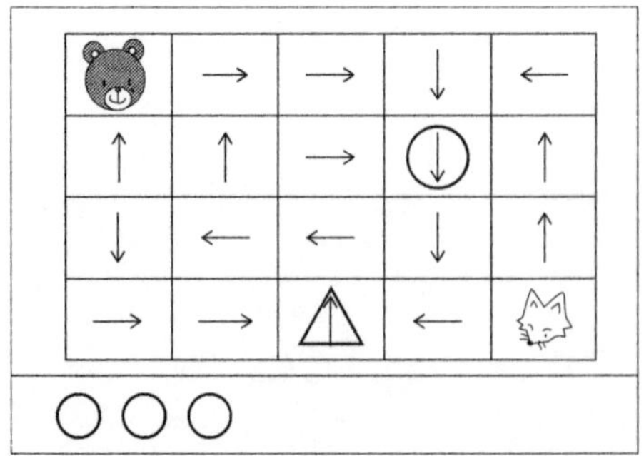

［2023年度出題］

アドバイス

この問題の難しい点は、進む条件を記憶して問題を解かなければならないことです。ポイントは、条件が、前進ばかりでないという点です。実際には楽器を鳴らさず、楽器の名前を伝える形式での出題でした。条件を完ぺきに記憶しつつ問題の対応をすることになり、お子さまに求められている力はかなりのものになります。できなかった場合、何ができていなかったのかを正しく把握してください。要因により、その後の対策が違ってきます。この問題に限らず、慌てずに取り組むことが大切です。話に集中して聞かせるために質問が終わるまで手は膝の上に置くよう指示が出されています。日頃から人の話を聞く時の姿勢などに注意していれば、特に気にすることなく対応できます。

【おすすめ問題集】
Ｊｒ・ウォッチャー31「推理思考」

問題14　分野：言語（しりとり）

〈準備〉　青のフェルトペン

〈問題〉　しりとりをします。それぞれの段のしりとりが「ん」で終わります。その時、1番初めになる絵に○をつけてください。

〈時間〉　各20秒

〈解答〉　下図参照

[2023年度出題]

アドバイス

この問題の解き方のとしてはそれぞれに必ず「ん」で終わる言葉が入っていますから、まずはその言葉を見つけて、逆に辿っていくと最後にたどり着いたものが答えになります。という考え方もできますが、この問題は難しく考えるのではなく、普通にしりとりをして解いていき、最初に来るものを答えれば、簡単に解くことができるでしょう。出題がひねられているため、難しそうに見えるものがよく出題されますが、そのような問題の時こそ、落ち着いて取り組むとよいでしょう。そのベースとなるのは、日々、コツコツと積み重ねた努力になります。また、問題には解答時間があるため、ゆっくり時間をかけて解くことはできません。同じような問題を解き、解答時間内に解答できるようにしましょう。

【おすすめ問題集】

Ｊｒ・ウォッチャー17「言葉の音遊び」、ＪｒウオッチャーI8「いろいろな言葉」、
Ｊｒウオッチャー49「しりとり」、Ｊｒウオッチャー60「言葉の音」、
NEWウオッチャーズ私立 言語、苦手克服 言語

問題15　分野： 図形（分割）

〈準　備〉　青のフェルトペン

〈問　題〉　1番上はお手本です。左の形を線の切り離します。切り離したものはどれですか。正しいものを選び○をつけてください。

〈時　間〉　各20秒

〈解　答〉　下図参照

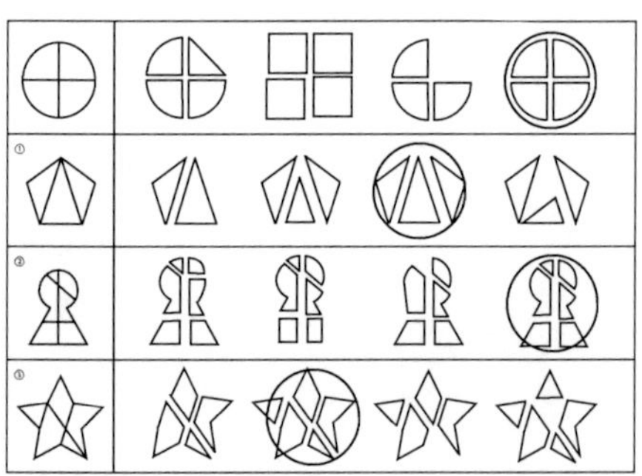

［2023年度出題］

アドバイス

図形の問題は具体物を使って確認することが最良の学習になります。ですから、可能であれば正解だけを確認するのではなく、他の形についても実際に操作することで、どこが違うのか、何がいけないのかも把握でき、論理的思考力を身に付けることにも役立ちます。実際に、操作をすると、時間がかかって遠回りのように思うでしょうが、急がばまわれのことわざがあるように、実はそのような学習方法を取った方がお子さまの力は確実に伸びます。

【おすすめ問題集】
Ｊｒ・ウォッチャー9「合成」

問題16　分野：巧緻性

〈準備〉　**この問題の絵はありません。**
長さ20ｃｍのリボンを12本、ラッピングタイ6本

〈問題〉　ここにあるリボンをラッピングタイでねじって止めてください。

〈時間〉　３分

〈解答〉　省略

［2023年度出題］

アドバイス

内容と時間からして、課題をこなしきるということは難しいです。このような問題の場合、完成させることもさることながら、取り組む態度も重要になります。この問題のようなねじって止める作業の出題はあまり聞きませんので、これを機会に、練習するのもいいかもしれません。買い物をしたときに、袋詰めされた商品の口を針金の入ったものでねじって止めてあるのを見たことがあると思います。それ等を利用して練習をできますので、お試しください。巧緻性は急には上達しません。ですから、毎日、少しずつでもいいので練習するようにしましょう。

【おすすめ問題集】
Ｊｒ・ウォッチャー25「生活巧緻性」、実践ゆびさきトレーニング①・②・③

問題17　分野：行動観察

〈準備〉　なし

〈問題〉　**この問題の絵はありません。**
歌に合わせてジャンケンをします。負けたら勝った人の後ろに繋がっていきます。１列になるまでやります。

〈時間〉　適宜

〈解答〉　省略

［2023年度出題］

アドバイス

出題内容から、この問題の観点の中には勝敗は入っていません。ですから、勝敗にこだわる必要もありません。朝得ておきたいポイントは、指示の理解と遵守、積極性、協調性などがあげられます。そこに男子の場合は、最後までふざけずに取り組むことをあげられます。また、女子の場合はそうしたことがないと思っていても、体力面で疲れてしまうとだらけるということにつながります。ジャンケンに負けた後は、お友だちの後ろにつきますから、歩きにくく、体力も求められます。その点から、体力をしっかりつけておくことも忘れないようにしましょう。

【おすすめ問題集】
Ｊｒ・ウォッチャー29「行動観察」、56「マナーとルール」

問題18　分野：行動観察

〈準備〉　**この問題の絵はありません。**
テント作り（段ボール、ガムテープ、クリップ、紐）
魚釣り（ビニールのシート、段ボールでできた魚数種類、２人用の釣り竿）
タワー作り（紙コップ15個、厚紙）

〈問題〉　３つのコーナーをグループごとに回ります。太鼓が１回なったら遊びます。２回なったら別のコーナーへ移ります。３回目が鳴ったら遊びをやめて集まります。３つのコーナーを回ったら、後は好きなもので遊んでください。

・テント作りコーナー：段ボールとガムテープを貼り合わせて、テントをつくりましょう。
・魚釣りコーナー：２人用の釣り竿で協力しながら魚を釣りましょう。
・タワー作りコーナー：ここにある紙とコップを使って、なるべく高くコップをタワーのように積んでください。

〈時間〉　15分程度

〈解答〉　省略

［2023年度出題］

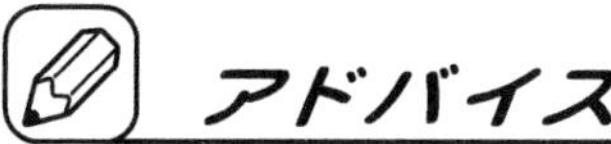

協調性、道具の使い方、使った後の始末、かかわり方など様々なことが観られています。特に２人用の釣り竿は予想もしない展開でしょう。２人で息を合わせなければ、釣り竿を操ることは大変でしょう。うまくできることに観点を当てているのではなく、いかに話し合いしながらやろうとしているのか前向きの行動が観点となるでしょう。タワー作りのコーナーでは、なかなか上手く積んでいくことができないと思います。上手くできないときの対応は大切です。失敗した人のことを責めるのではなく、配慮、気づかい、再チャレンジ、工夫など、前向きな気持ちで臨むようにしましょう。

【おすすめ問題集】
Ｊｒ・ウォッチャー29「行動観察」、56「マナーとルール」

問題19　分野：面接

〈準 備〉　弁当箱（中に疑似おかずが入っている）、おにぎり、箸、包む布

〈問 題〉　**この問題の絵はありません。**
このある布で、ここにあるのも全部を包んでください。手伝ってもらってもよいですよ。

［志願者へ］
・お名前を教えてください。
・今、包んだおかずで何が１番好きですか。
・お弁当をもって出かけたことがありますか。誰と何処へ行きましたか。
・ここへ来る前（面接の前にやっていたこと）にやったことの中で、どんなところが楽しかったですか。
・帰ったらやりたいこととか、行きたいところはありますか。

［父親へ］
・女子教育について何かお考えがありましたらお話しください。
・小さい頃のお弁当の思い出はありましたら、お子さまに話してあげてください。
・お子さまの素晴らしいと思っているところを教えてください。
・お子さまの成長を感じるのはどのようなときですか。
・お父様がお子さんを観ていて、ご自分と似ていると感じられるところがありますか。どんなときに、どのようなことですか。（母親へも）

［母親へ］
・お弁当作りで気を付けていることはどんなことでしょうか。

〈時 間〉　即答

〈解 答〉　省略

［2023年度出題］

アドバイス

お子さまへの質問は特に難しいものはありません。自分のする（したい）こと、行ったことなどが中心ですから、緊張せず、普通に伝えればいいと思います。この時、よく伝えようとすると言葉がまとまらず、から回りをし、結果的に上手くできなかったということがよく見られます。そうならないためにも、上手く伝えようと考えず、普通の会話でいいから、一生懸命伝えることに力を入れるようにするとよいでしょう。この時、声の大きさ、明瞭度、視線や姿勢、言葉遣いなど、基本的なことはしっかり行ってください。保護者の方は、日頃のお子さまとのかかわりが大切になってきますので、家族での会話を大切にしましょう。

【おすすめ問題集】

面接テスト問題集、入試面接最強マニュアル、新・小学校面接Q＆A

問題20　分野：お話の記憶

〈準 備〉　青のフェルトペン

〈問 題〉　まもなくハロウィンです。ハロウィンが終わると、クリスマスがきて、次がお正月、そして節分と、次々に楽しいことが待っています。お兄さん熊のクンタは次々に来る楽しいことを弟のコロタに話して「僕たちの部屋をきれいに掃除をしておこう」と言って二人でお掃除を始めました。お掃除をしていると、アルバムが出てきました。アルバムを見ると、ハロウィンの時の写真が出てきました。クンタは魔女、弟はお化けの格好をしていました。お父さんがカボチャで作ったランタンは、目が三角で、鼻は丸く、口は横に長四角で下の歯が２本とも上に突き出していました。あの時も怖いと思っていましたが、今見ても怖いと思いました。二人が夢中で写真を見ていると、「お掃除は終わったのかしら？」というお母さんの声が聞こえてきました。二人は怒られると思ったので、急いでそうじを終わらせました。そうじをした二人はおやつが食べたくなったので、お母さんにおやつを食べたいと言いに行こうとしたら、ちょうどその時、お友達のクマタがミカンを持ってきてくれました。お母さんはカボチャのスープやカボチャのピザ、かぼちゃのクッキー、それとパスタを作ってくれました。クンタたちは友達のクマタも一緒にカボチャのごちそうを食べました。

①お話の季節と同じ季節の絵に○をつけてください。
②写真で見たお父さんの作ったランタンに○をつけてください。
③クンタのお母さんが作ったものに○をつけてください。
④ハロウィンのときのクンタの格好に×を、コロタの格好に△をつけてください。
⑤お話に出てきたクマさんは全部で何頭ですか。□にその数だけ○を書いてください。

〈時 間〉　各15秒

〈解 答〉　下図参照

［2022年度出題］

アドバイス

お話の内容としては、特に難しいものではありません。１つひとつを記憶していくというよりも、お話の中の風景を思い描きながら記憶することがポイントといえるでしょう。お話の記憶の対策には、読み聞かせが有効とよく言われますが、読み聞かせだけではなく、体験に伴った記憶もあることを保護者の方は知っておいてください。近年の入学試験で、多くの学校が聴く姿勢を重要視していることからも、学校側が「聴く力」をすべての学習のベースと考えていることがわかります。そのような視点からも、読み聞かせは毎日コンスタントに行うように心がけてください。この問題では、設問④がきちんとできているかチェックしてください。他の設問は○をつける指示があるのに対し、ここだけ×と△になっています。

【おすすめ問題集】

Ｊｒ・ウォッチャー19「お話の記憶」、NEWウォッチャーズ私立　記憶、
苦手克服　記憶、１話５分の読み聞かせお話集①・②、
お話の記憶問題集 初級編・中級編・上級編 、お話の記憶ベスト30

問題21　分野：しりとり

〈準備〉　青のフェルトペン

〈問題〉　これからしりとりをします。このとき、前のものの名前の後ろから２音目の音を次にくるものの最初に音につながっています。それぞれの段の左のマスの絵からお約束通りにしりとりをしたとき、最後にくるものはどれですか。その絵に○をつけましょう。

〈時間〉　各20秒

〈解答〉　下図参照

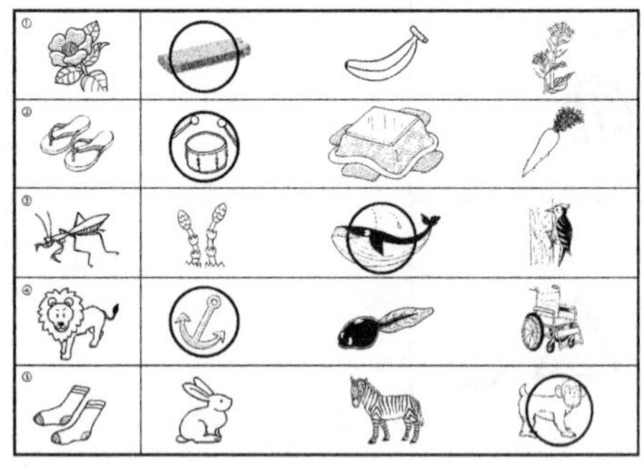

［2022年度出題］

アドバイス

まずは、描かれてある絵の名前を全て言えるか確認しましょう。名称などに関する知識は、日常生活を通して、楽しみながら修得することをおすすめいたします。例えば、買い物に行った際、野菜や魚の名前や関連すること（季節や生息場所など）などをクイズにしたり、話題にしたりし、知識の幅を広げていきます。次に、この問題は指示が複雑になっていますから、説明を最後までしっかりと聞き、理解し、対応しなければなりません。しりとりをする際、ルールを少し変えて行ってみたり、すでに解いた問題の問題文のところを変えてもう一度、解いてみたりするなど工夫を取り入れてみましょう。

【おすすめ問題集】
Ｊｒ・ウォッチャー17「言葉の音遊び」、ＪｒウオッチャーI8「いろいろな言葉」、
Ｊｒウオッチャー49「しりとり」、Ｊｒウオッチャー60「言葉の音」、
NEWウオッチャーズ私立 言語、苦手克服 言語

問題22　分野：数量

〈準備〉　青のフェルトペン

〈問題〉　**この問題の絵は縦に使用して下さい。**
①この中でリスの数と同じ数の物はどれでしょうか。１段目の四角の絵に○をつけてください。
②ウサギとクマのしっぽの違いを上から２段目の四角にその数だけ○を書いてください。
③３匹ずつのグループを作ったとき仲間はずれが出ないものは誰でしょうか。３段目のところの絵に○を付けてください。
④小鳥が木に止まっていましたが、4羽飛んでいきました。しばらくすると２羽飛んできました。今、何羽の鳥がいるでしょうか。１番下の絵にまる□にその数だけ○を書いてください。

〈時間〉　１分

〈解答〉　下図参照

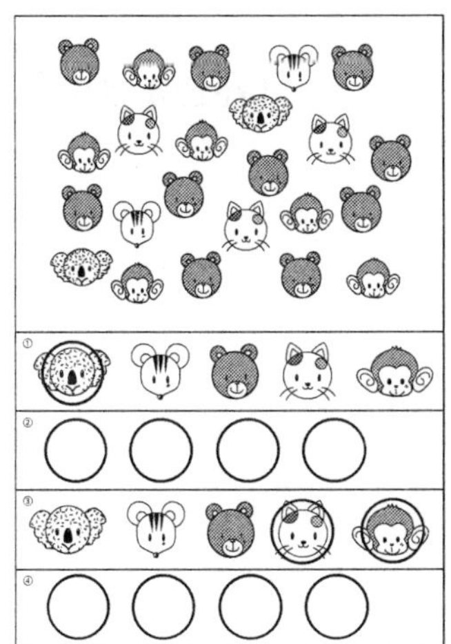

［2022年度出題］

アドバイス

数の基本である「数える」ことがしっかりできることが身に付いていればできる問題です。具体物を使用し、数えることを自然に身に付けるチャンスは、生活の中に多くあります。試験のように緊張する場での数えるときは、少々、心理的に焦りが生じます。日常の様々チャンスを利用して、焦ったときの対処方法をお子さんと考えるのも1つの方法ではないでしょうか。数えるときは声を出さずに数えるようにしましょう。そのようなときは指を使ってみることもよいでしょう。

【おすすめ問題集】

Ｊｒ・ウォッチャー14「数える」、41「数の構成」

問題23　分野：回転図形

〈準備〉　青のフェルトペン

〈問題〉　**この問題の絵は縦に使用して下さい。**
左端の□を矢印の方へ矢印の数だけ倒すと中の模様はどうなるでしょうか。右側から探してその形に○をつけてください。

〈時間〉　１分

〈解答〉　下図参照

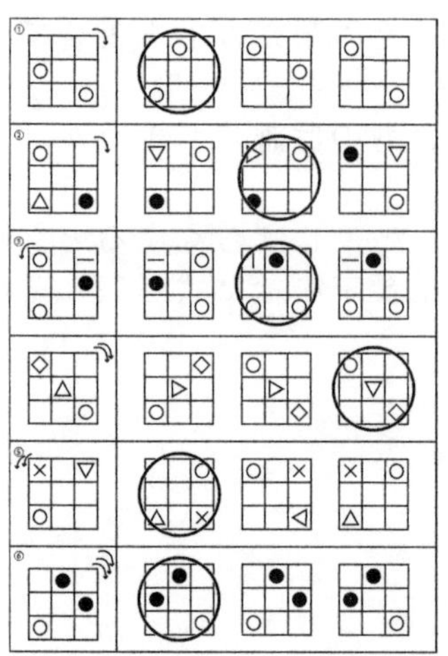

[2022年度出題]

アドバイス

このような図形の問題は、論理的思考、空間認識力を必要とします。この２つをお子さまに言葉で理解させようとすると、説明が長くなったり、複雑になったりして、かえって苦手意識をもってしまうことがあります。実力をアップする上で大切なことは、意欲的に学び知識を修得することです。そのためには、自ら発見、理解させることが求められます。そこでおすすめの方法は、クリアファイルとホワイトボード用のペンを用いて、お子さま自身に答え合わせをさせる方法です。クリアファイルを左の形の上に置き、上からペンでなぞります。そのあと、クリアファイルを回転させると答えがわかります。

【おすすめ問題集】

Ｊｒ・ウォッチャー５「回転・展開」、35「回転図形」、46「回転図形」、54「図形の構成」

問題24　分野：図形

〈準 備〉　青のフェルトペン

〈問 題〉　左側の四角を見てください。左の形を回転させずに重ねると、どのような模様になりますか。右側から探して○をつけてください。

〈時 間〉　１分

〈解 答〉　下図参照

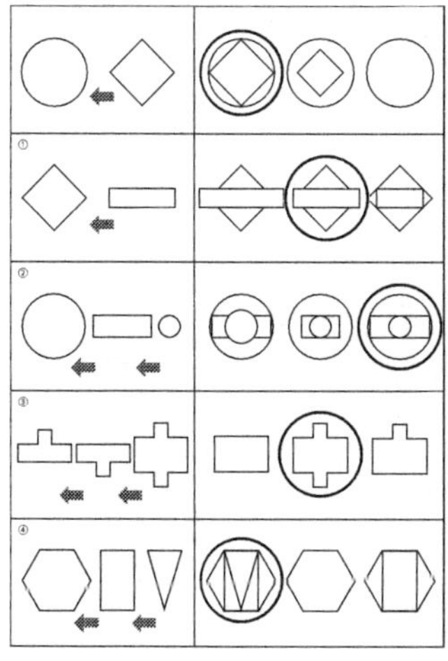

［2022年度出題］

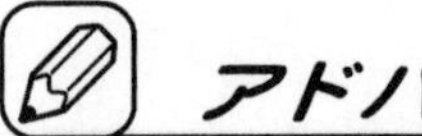

アドバイス

この問題も前問同様に論理的思考、空間認識力を要する問題です。しかし、この問題では３つのものを重ねたときのことも問われています。このようなときは、クリアファイルの数を増やすことで解決するので試してみてください。このように、物を操作ができるようになっています。しかし、この作業を保護者の方がしてしまったら、力は身に付きません。お子さまが楽しく意欲的に取り組めるような環境を整えてください。そのあとは、類題を数問解くことで定着していきます。

【おすすめ問題集】
Ｊｒ・ウォッチャー9「合成」

問題25　分野：お話の記憶

〈準 備〉　青のフェルトペン

〈問 題〉　①公園の入口から入ってきた女の子が、両手で何かにぶらさがっているお友達と話をしています。そのお友達に〇をつけて下さい。
②砂場で遊んでいるお友達が、砂場で遊ぶ道具をどこかへ置き忘れてきました。その道具に△を付けてください。
③公園の入口から入ってきた女の子が公園にいるお友達とじゃんけんを始めました。鉄棒のところにいるお友達とは「チョキ」と「グー」で負けました。木馬遊具に乗っている２人のお友達とは「パー」で負けて、「グー」で勝ちました。砂場でしゃがんで遊んでいるいるお友達２人には「パー」で負けました。じゃんけんをしなかったお友達に□を付けてください。

〈時 間〉　各20秒

〈解 答〉　下図参照

［2022年度出題］

アドバイス

絵全体を見て、何が描かれているのかを把握します。この作業をいかに早く行うかで、問題の取り組みに大きく影響してきます。意外とこの作業に重きを置いている方は少ないと思いますが、短時間で把握するかは図形や数量の問題においても力を発揮しますので、ぜひ取り組んでください。次に問題で言われていることを正しく聴けているかがもう一つのポイントです。この聴く力は、この問題に限らず、すべての問題に共通して求められている力ですから、しっかりと身に付けておいてください。特に、聴く力は入学後の学力に大きく影響することを忘れないでください。その聴く力を確かめる意味においてもこの問題は大切になります。

【おすすめ問題集】

Ｊｒ・ウォッチャー19「お話の記憶」、NEWウォッチャーズ私立　記憶、
苦手克服　記憶、１話５分の読み聞かせお話集①・②、
お話の記憶問題集 初級編・中級編・上級編 、お話の記憶ベスト30

問題26　分野：制作（巧緻性）

〈準　備〉　持つところがに丸い穴のあるクリップ（絵を参照）５個、長さ15㎝位の紐、縦８㎝　横30㎝ほどの厚紙

〈問　題〉　**この問題は絵を参考にして下さい。**
絵を見てください。このようにクリップで紐を厚紙に止めてください。

〈時　間〉　３分

〈解　答〉　省略

［2022年度出題］

アドバイス

クリップを開く作業はお子さまにとっては力が必要になります。指先に力を入れるための練習として、粘土をこねる作業が有効で、お子さまにとって指の力だけでクリップを５つ扱うのは握力の問題もあり大変だと思います。指の力が落ちてくると、クリップを押さえきれずに飛んでしまうことがあり、危険を伴いますから保護者の方は注意をしてください。また、時間を考えても全てのクリップをとめることは難しいでしょう。そのため、取り組む姿勢や、課題が説明されている時の態度が重要といえるでしょう。短期的な集中力があるか、また、難しい課題にどう向き合うかということです。問題への姿勢も観られていることを意識してお子さまの学習姿勢にも気をつかいましょう。

【おすすめ問題集】

Ｊｒ・ウォッチャー25「生活巧緻性」、実践ゆびさきトレーニング①・②・③

問題27　分野：行動観察（集団によるじゃんけんゲーム）

〈準 備〉　青、赤、黄のプレート

〈問 題〉　**この問題の絵はありません。**
約束を言います。
・初めはそれぞれプレートの上に両足は揃えて立ちます。両手のひらを合わせてまっすぐ上にあげます。そのまま立ったりしゃがんだりを数回行います。

今度は先生とじゃんけんをします。じゃんけんの約束を言います。
・「グー」は両腕を胸で交差させ、足は揃え閉じます。「チョキ」足は前と後ろに開き、腕は上にあげ前と後ろに開きます。「パー」の時は足も腕も左右に開きます。
・勝ったときは他のプレートへ行きます。
・負けたら手をキラキラさせながらプレートの周り回ってください。
・あいこの時はその場で立ったりしゃがんだりしてください。

〈時 間〉　適宜

〈解 答〉　省略

［2022年度出題］

アドバイス

じゃんけんというゲーム要素があり、体も動かす課題ですので、白熱しすぎて騒ぐということがないようにしなければいけません。また、勝った時、負けた時の行動は指示をされており、しっかりとその通りに動くことも求められます。そのためには、記憶力も大切になってきます。何をするかがあやふやになってしまうと、別のお子さまが指示とは違う行動をしたときにそれに流されてしまいます。また、行動観察では待っている時、行動を切り替えなければいけない時にサッとできるかなども観られています。気を抜いたときでもじっと待っていることができる。行動の切り替えができるというようにしておくことが重要ですので日常の中で、そうしたことが行えるようにしておきましょう。

【おすすめ問題集】
新 運動テスト問題集、Ｊｒ・ウォッチャー28「運動」、29「行動観察」、30「生活習慣」

問題28　分野：面接

〈準 備〉　なし

〈問 題〉

【志願者へ】
・名前を教えてください。
・お父さんとの遊ぶときはどんな遊びをしていますか。その中で1番楽しいのは何ですか。
・いつもはどんな遊びをしていますか。お友達との遊びは何人ぐらいで遊びますか。
・お父さんは（同伴していない人について聞く）どんな人ですか。
・お母さん（またはお父さん）の小さい頃の遊びの話を聞いたことがありますか。（話が発展して聞かれる）

【保護者の方へ】
・志望理由を聞かせてください。
・カトリック教育についてどのような考えをお持ちですか。本校についてのお考えはいかがですか。
・コロナ禍の時期、家で過ごす時間が多くなり、過ごし方で工夫されたことはどんなことですか。
・お子さんと遊ばれて何か印象に残っていることはありましたらお話しください。
・お母さん（お父さん）が子どものころの遊びについてお話しください。
・仕事と家庭の両立で何か工夫をされていることがあればお聞かせください。

〈時 間〉　適宜

〈解 答〉　省略

［2022年度出題］

 **アドバイス**

面接時の態度や答えるときの話し方は、それぞれ練習を重ねていることと思われますが、緊張すると予想もつかないことが起こる場合があります。保護者の方は慌てないようにしてください。保護者へ助けをもとめるのではなく答えられないときは、「分かりません」というように素直にこたえるように指導しておくことです。そのようなときの方法をお子さんと話し合っておかれるとよいでしょう。

【おすすめ問題集】
面接テスト問題集、入試面接最強マニュアル、新・小学校面接Ｑ＆Ａ

問題29　分野：お話の記憶

〈準備〉　青のフェルトペン

〈問題〉　**この問題の絵は縦に使用してください。**
お話をよく聞いて、次の質問に答えてください。

今日はクマさんが楽しみにしていた遠足の日です。クマさんが朝起きて外を見ると、昨日まで降っていた雨もすっかりやんで、とってもいい天気です。「やった～、晴れたよ」とお母さんに言うと「よかったね。遅刻しないように早く準備をしなさい」と言われました。遠足のお弁当はクマくんの大好物のおにぎりです。お母さんが早起きして作ってくれました。着替えをして台所に行くと、お父さんと弟と妹が朝ごはんを食べるところでした。朝ごはんを食べ終えると、まだ少し早いですが学校に向かうことにしました。遠足は、学校に集合してからバスで目的地の親子山に行くのです。
早く家を出たので１番乗りだと思っていたクマさんでしたが、もうウサギさんが着いていました。「早いねウサギさん」と言うと「楽しみで早起きしちゃった」とウサギさんが答えました。話をしていると、ネコさんとタヌキさんも着きました。あとはサルさんだけです。集合時間ギリギリになってサルさんが走ってきました。「お弁当を忘れて取りに帰ったらこんな時間になっちゃった」とサルさんが言うと、みんな大笑いです。
遠足に行く親子山は大きい山と小さい山が２つ重なっているのでそう呼ばれています。みんなが今日登るのは小さい山の方です。上級生になると大きい山に登ります。ネコさんが「大きい山に登りたかったな」と言うと、タヌキさんは「大きい山は大変なんだよ。まだ僕たちには無理だよ」と答えました。小さい山でも楽ではありません。みんな一生懸命登ってようやく頂上に着きました。頂上では楽しみにしていたお弁当を食べます。ウサギさんはサンドイッチ、ネコさんのおかずは唐揚げ、タヌキさんはエビフライ、サルさんはウインナーでした。
クマさんはお弁当を食べ終えて、頂上からのきれいな景色を見ていると、今度は家族で来たいなと思いました。

（問題29の絵を渡す）
①遠足の日はどんなお天気だったでしょうか。選んで○をつけてください。
②学校に１番早く着いたのは誰だったでしょうか。選んで○をつけてください。
③遠足に行った山はどんな形だったでしょうか。選んで○をつけてください。
④クマさんはどんなお弁当を持っていったでしょうか。選んで○をつけてください。
⑤クマさんの家族は全部で何人でしょうか。四角の中にその数の分だけ○を書いてください。

〈時間〉　各15秒

〈解答〉　①左から２番目（晴れ）　②右端（ウサギ）　③左から２番目（親子山）
④右から２番目（おにぎり）　⑤○：５

［2021年度出題］

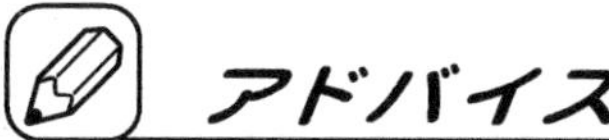

お話の長さ、問題の難しさともにオーソドックスなお話の記憶といえます。テーマも親しみやすいので、内容も理解しやすいでしょう。お話の記憶は例年このような出題ですから、確実に正解できるようにしておきたいところです。当校の入試では、時折、難問が出題されることもありますが、お話の記憶に関しては基本的な学習をしておけば充分に対応できます。問われることもお話の中に出てくることばかりですから、しっかり聞くことが大切なポイントになるでしょう。日常的に読み聞かせをしているご家庭であれば、特別な対策をしなくてもできてしまうかもしれません。それだけにミスはしないように気を付けましょう。

【おすすめ問題集】
1話5分の読み聞かせお話集①・②、お話の記憶問題集 初級編・中級編・上級編、
Ｊｒ・ウォッチャー19「お話の記憶」

問題30 分野：数量（数のやりとり）

〈準 備〉 青のフェルトペン

〈問 題〉 パンダさんとウサギさんは☆が描かれたカードを３枚ずつ持っています。

①パンダさんの左のカードとウサギさんの真ん中のカードを交換しました。パンダさんの持っているカードの星の数は全部でいくつになるでしょうか。その数の分だけ下の四角の中に○を書いてください。
②次に、ウサギさんの左のカードをパンダさんの真ん中のカードと交換しました。ウサギさんの持っているカードの星の数は全部でいくつになるでしょうか。その数の分だけ下の四角の中に○を書いてください。
③最後に、ウサギさんの右のカードをパンダさんにあげました。パンダさんの持っているカードの星の数からウサギさんの持っているカードの星の数をひくといくつになるでしょうか。その数の分だけ下の四角の中に○を書いてください。

〈時 間〉 各30秒

〈解 答〉 ①○：５　②○：８　③○：２

アドバイス

しっかり聞いていれば解ける問題ではありますが、難しい問題です。①から②、②から③と、交換したカードをそのまま使うので、今どのカードを持っているのかを記憶しておかなければいけません。もし①を間違ってしまったら、その後の2問も間違えてしまうことになります。はじめから頭の中だけで理解するのは難しいので、実際にカードを使って数のやりとりを目に見える形で行ってください。しっかりと問題を理解できるようになったら、頭の中で考えるようにしていきましょう。難しい問題は、このようにステップを踏んで学習を進めていくようにしてください。

【おすすめ問題集】
Ｊｒ・ウォッチャー38「たし算・ひき算１」、39「たし算・ひき算２」、43「数のやりとり」

問題31　分野：常識（理科、日常生活）

〈準備〉　サインペン（青）

〈問題〉　**この問題の絵は縦に使用してください。**
上の段の絵と関係のある絵を下の段から選んで線でつないでください。

〈時間〉　各30秒

〈解答〉　下図参照

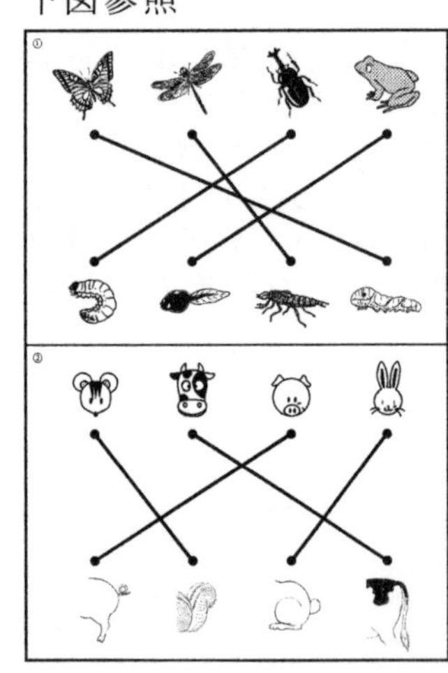

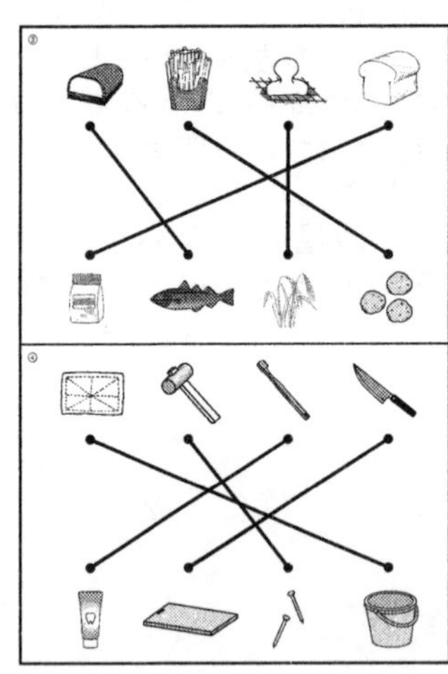

アドバイス

生きものの成長、動物のしっぽ、食べものの原材料、一緒に使う道具といった組み合わせを考える問題です。①②が理科常識、③④が生活常識になります。こうした常識問題は、できるだけ実際の体験の中で知識を得てもらいたいものですが、①②などはなかなか目にすることが難しいのが現実です。だからといって、すべてを学習として捉えてしまうのではなく、できる範囲で構わないので、生活の中で学んでもらいたいと思います。「○○は何からできているかわかる？」「××といっしょに使うものはどれでしょう」といった、ちょっとした声かけを積み重ねてお子さまの知識を増やすようにしてください。

【おすすめ問題集】
Ｊｒ・ウォッチャー11「いろいろな仲間」、12「日常生活」、

27「理科」、55「理科②」

問題32　分野：図形（同図形探し）

〈準備〉　青のフェルトペン

〈問題〉　それぞれの段の中で同じ絵を見つけて○をつけてください。

〈時間〉　各20秒

〈解答〉　①左端、右から２番目　②左端、右端
③左から２番目、右端　④左端、右から２番目

アドバイス

便宜上図形問題としていますが、図形ではなく絵なので、間違い探し（本問は同じもの探し）の感覚で取り組むとよいでしょう。同図形探しでは、見本があってそれと同じものを見つけるという出題形式が多いですが、本問は４つの中から同じものを２つ選ぶという少し珍しい出題形式です。問題をよく聞いていないと、何を問われているのかわからなくなってしまうことにもなりかねません。パッと見て正解を見つけることが難しいので、細かな違いを見分ける観察力が必要とされ、解答時間もそれほど長くないので、見比べるスピードも求められます。

【おすすめ問題集】
Ｊｒ・ウォッチャー４「同図形探し」

問題33　分野：図形（点図形・模写）

〈準備〉　青のフェルトペン

〈問題〉　左の形と同じになるように右の四角の中に線を引いてください。

〈時間〉　各30秒

〈解答〉　省略

アドバイス

こうした点図形の問題では、座標と運筆の両方の力が観られます。座標は合っていても線が曲がっていたりすると不正解になることもあるので、線をきれいに引くということにも気を配りましょう。本問もあまり解答時間に余裕がありません。どこから線を引こうか考えているとあっという間に時間がなくなってしまいます。どのような形なのかにもよりますが、どこから線を引き始めるかをあらかじめ決めてしまうのも１つの方法です。線を「引く」という言葉の通り左から右（右利きの場合）、上から下に動かすのが自然な流れです。つまり、左上から始めると線が引きやすくなるということです。

【おすすめ問題集】
Ｊｒ・ウォッチャー１「点・線図形」、51「運筆①」、52「運筆②」

問題34　分野：図形（図形分割）

〈準備〉　青のフェルトペン

〈問題〉　１番上の段を見てください。左の形を２つくっつけると右の形を作ることができるので、右端の四角の中に○を２つ書きます。同じように１番上の段の左の形をいくつくっつけるとそれぞれの形になるかを考えて、右の四角の中にその数の分だけ○を書いてください。

〈時間〉　各30秒

〈解答〉　下図参照（図形の分割線は解答例を示したものです）

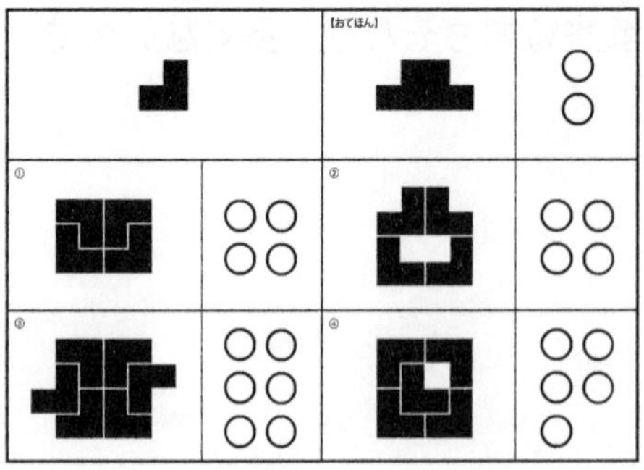

アドバイス

お手本が示されているということは、わかりにくい（難しい）問題ということなので、説明をしっかり聞いていないと何を答えればよいのか悩んでしまうかもしれません。仮に何を答えればよいのかがわかったとしても、なかなか難しい問題です。マス目になっていれば、まだ理解しやすいかもしれませんが、真っ黒な形なので、どう組み合わせればよいのかがイメージしにくくなっています。組み合わせるパーツをいくつか作って、実際に手を動かしながら試行錯誤していくことで、頭の中で図形を動かすことができるようになっていきます。はじめのうちは、マス目を書いた形で問題に取り組んでみるのもよいかもしれません。

【おすすめ問題集】
Ｊｒ・ウォッチャー９「合成」、45「図形分割」、54「図形の構成」

問題35　分野：巧緻性

〈準備〉　透明なボウル２個、木のブロック（１cm程度の大きさ）15個程度、箸

〈問題〉　**この問題の絵はありません。**
お箸を使って、木のブロックが入っているボウルから、何も入っていないボウルに木のブロックを移動してください。

〈時間〉　１分

〈解答〉　省略

アドバイス

小学校受験でよく見られる、いわゆる箸使いの課題です。時間が区切られてるのでお子さまはゲーム感覚で取り組んでしまうかもしれませんが、観られているのは箸の持ち方です。箸の持ち方がきちんとしていれば自然と木のブロックをうまくつかむことができます。もし、箸の持ち方が「バッテン」だったとしたら、木のブロックを全部移動できたとしてもよい評価は得られないでしょう。正しい箸の持ち方は、最低限できていなければならないことと言えます。そもそも、保護者の方はちゃんと箸を持てていますか。保護者の方ができないことはお子さまにもできないと考えましょう。

【おすすめ問題集】
新 口頭試問・個別テスト問題集、新 ノンペーパーテスト問題集、
Ｊｒ・ウォッチャー25「生活巧緻性」

問題36　分野：行動観察

〈準備〉　折り紙、マーカーペン、模造紙
※６人程度のグループで行う。

〈問題〉　**この問題の絵はありません。**

【ものまねゲーム】
・赤、青、黄色などの丸いシートが２つずつ床に置いてあります。
・好きな色のシートのところに行ってください。
・先生が指示した生きもののまねをしながら、同じ色のシートのところまで移動してください。

【集団ゲーム】
・３つの島があり、それぞれの場所で決められた遊びをします。
・「折り紙の島」では、自由に折り紙を折ります（先生から何を作っているか聞かれることもある）。
・「しりとりの島」では、順番にしりとりをします。挙手をして、みんなが「どうぞ」と言ってから答えます。
・「絵の島」では、○△□の形を使って模造紙に絵を描きます。みんなで描くものを相談して決めてください。最後に使ったマーカーペンを片付けましょう。

〈時間〉　45分程度

〈解答〉　省略

アドバイス

行動観察も大きな変化はありませんでした。「ものまねゲーム」では指示行動ができるかどうか、「集団ゲーム」ではお子さまの自然な行動が観られています。行動観察は、小学校入学後の姿をイメージして観察されます。集団の中での振る舞いや決められたルールの中での行動など、集団行動をする上で問題になることはないかを観ているのです。45分程度という長い時間なので、ちょっとしたところにお子さまの素が出てしまいます。これまでどう育てられてきたかが観られていると言ってもよいでしょう。付け焼き刃の対策では見抜かれてしまいます。行動観察ではお子さまを通して保護者が観られているのです。

【おすすめ問題集】
Ｊｒ・ウォッチャー29「行動観察」

問題37 分野：親子面接

〈準備〉 なし

〈問題〉 **この問題の絵はありません。**

【保護者へ】
・志願者のお父さま（お母さま）はどんな方ですか。
・当校との出会いについて教えてください。
・カトリックについてどんな考えを持っていますか。
・女子校についてどう思いますか。
・緊急事態宣言が出ている間、ご家庭でどんなことをしていましたか。

【志願者へ】
・お名前を教えてください。
・今日はどんなことをしましたか。
・今年はお休みがたくさんあったと思いますが、その間どんなことをしていましたか。
・あなたにとって大切な人は誰ですか。たくさん言ってください。
・その中で１番大切な人は誰ですか。
・なぜその人が１番大切なのか保護者の方とお話して理由を教えてください。

〈時間〉 ７～８分程度

〈解答〉 省略

アドバイス

両親と志願者という形が原則だった当校の面接ですが、今年度は保護者１人と志願者という形で行われました。志願者に対して保護者と相談して答えるという親子課題のような質問もあるなど、内容的にも少し変化を感じました。時間もやや短く設定されていたようで、時間が来たら質問の途中でも終わってしまったという話もありました。保護者には学校と家族に関する質問、志願者には回答に対してさらに掘り下げていく形の質問が中心になります。お子さまには一問一答といった形ではなく、しっかりと会話ができるコミュニケーション力を付けておきましょう。

【おすすめ問題集】
新 小学校受験の入試面接Ｑ＆Ａ、家庭で行う面接テスト問題集、
保護者のための面接最強マニュアル

問題 1

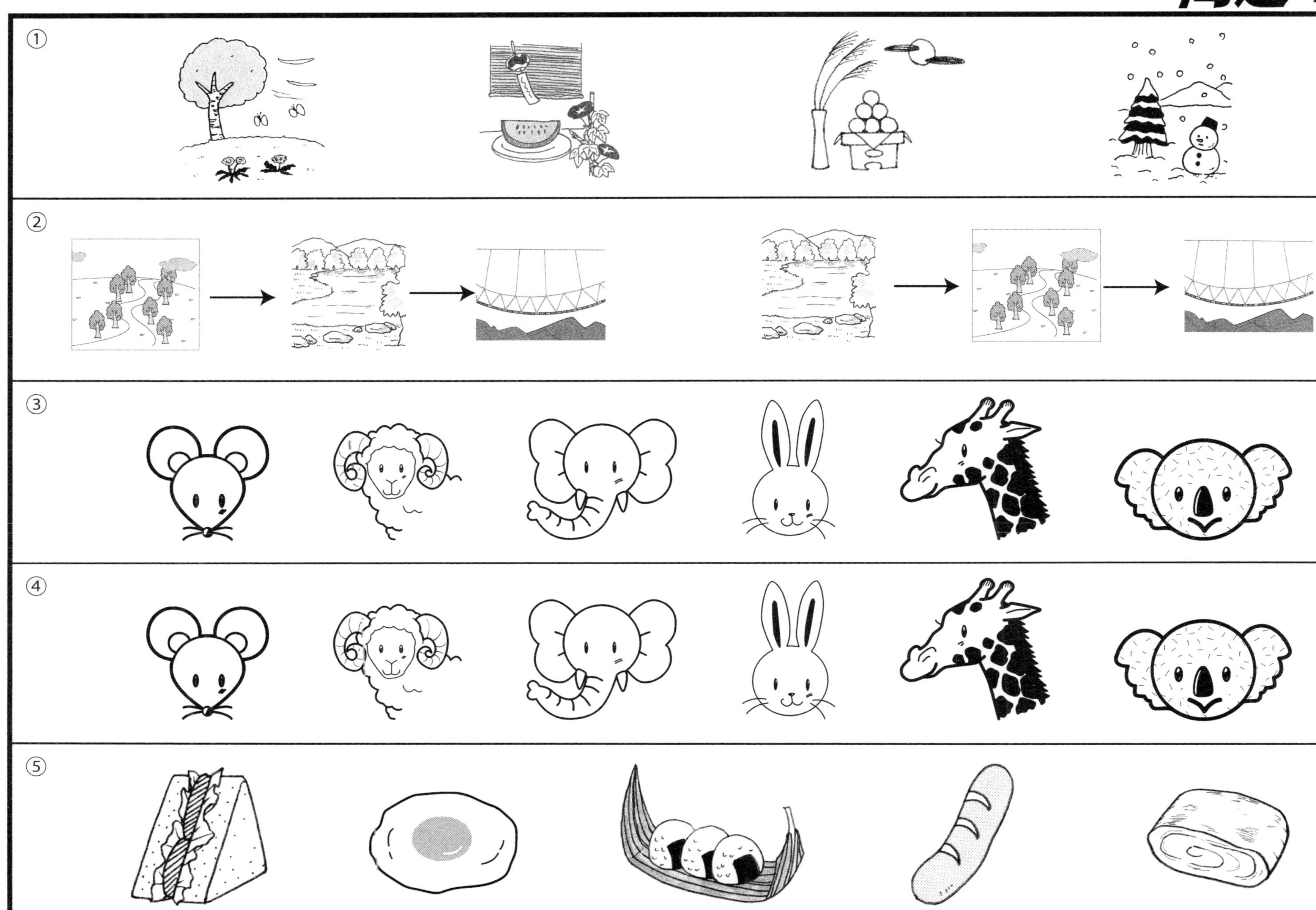

問題 2

①

②

③

問題3

①

②

③

問題4

問題5

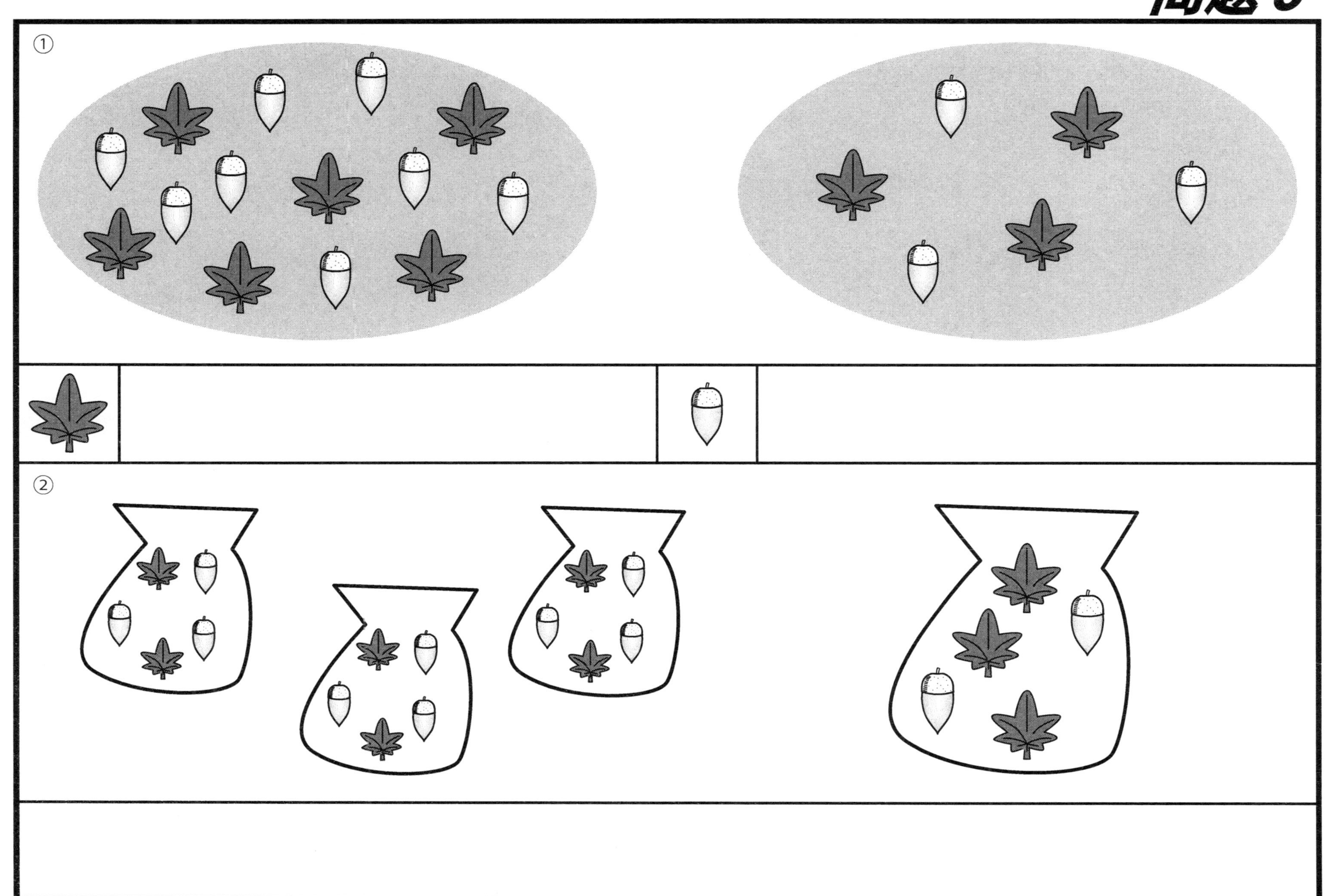

①

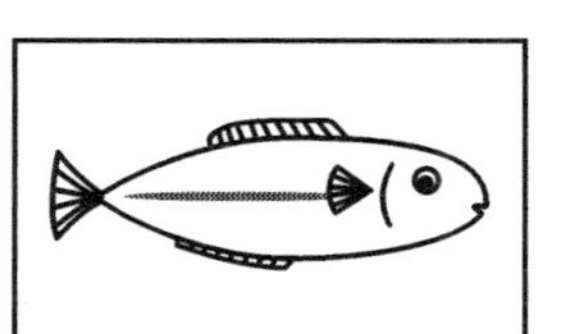

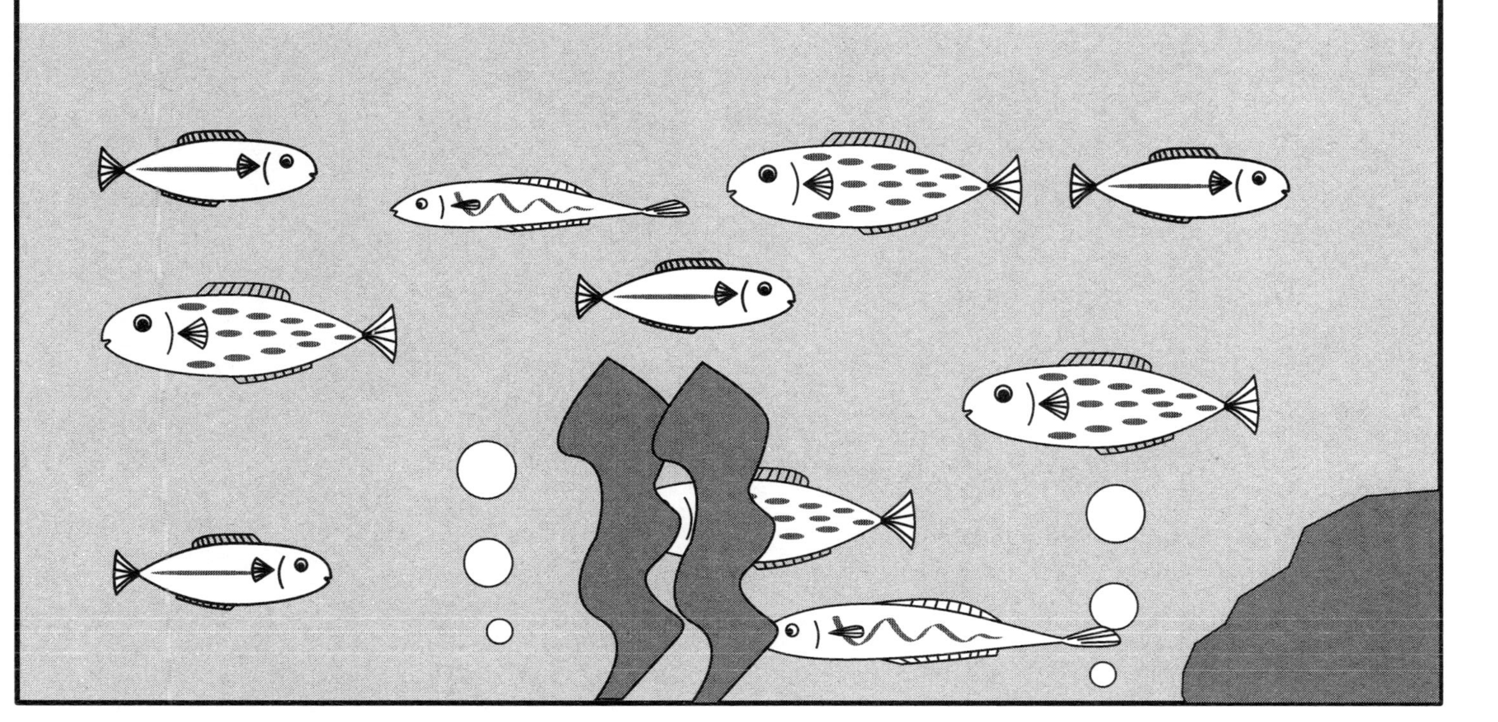

②

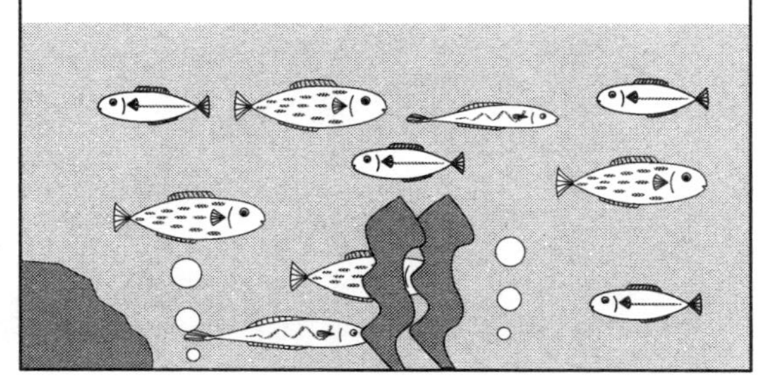

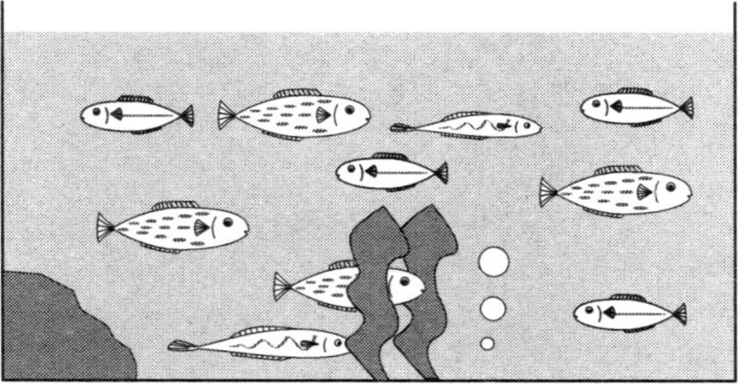

問題7

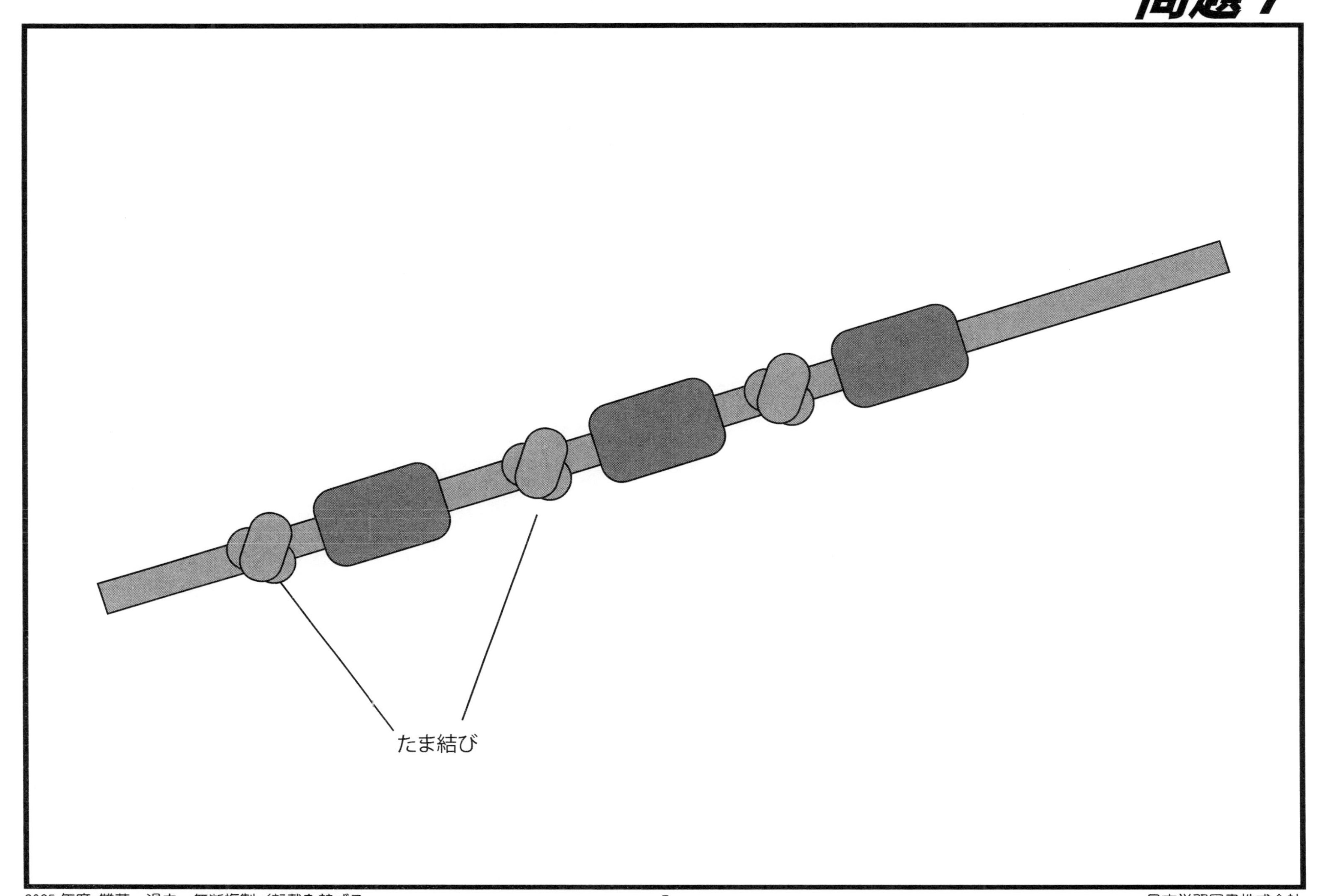

問題１０

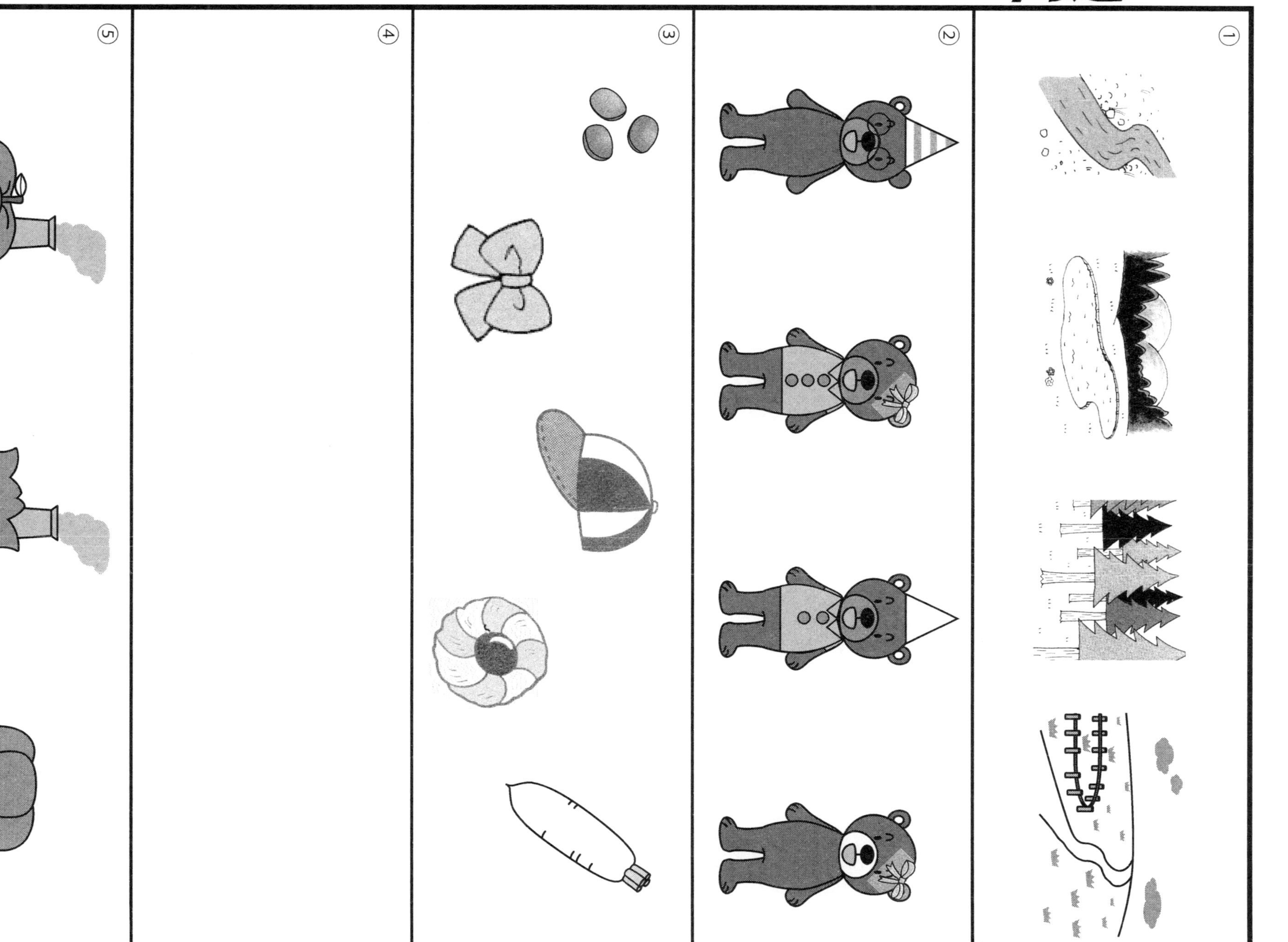

日本学習図書株式会社

01 問題

問題１１

①

②

③

○○○｜○○｜○○○○｜○○○
△△｜△△△｜△△｜△△△

④

問題12－1

問題１２－２

①

②

③

④

問題１３

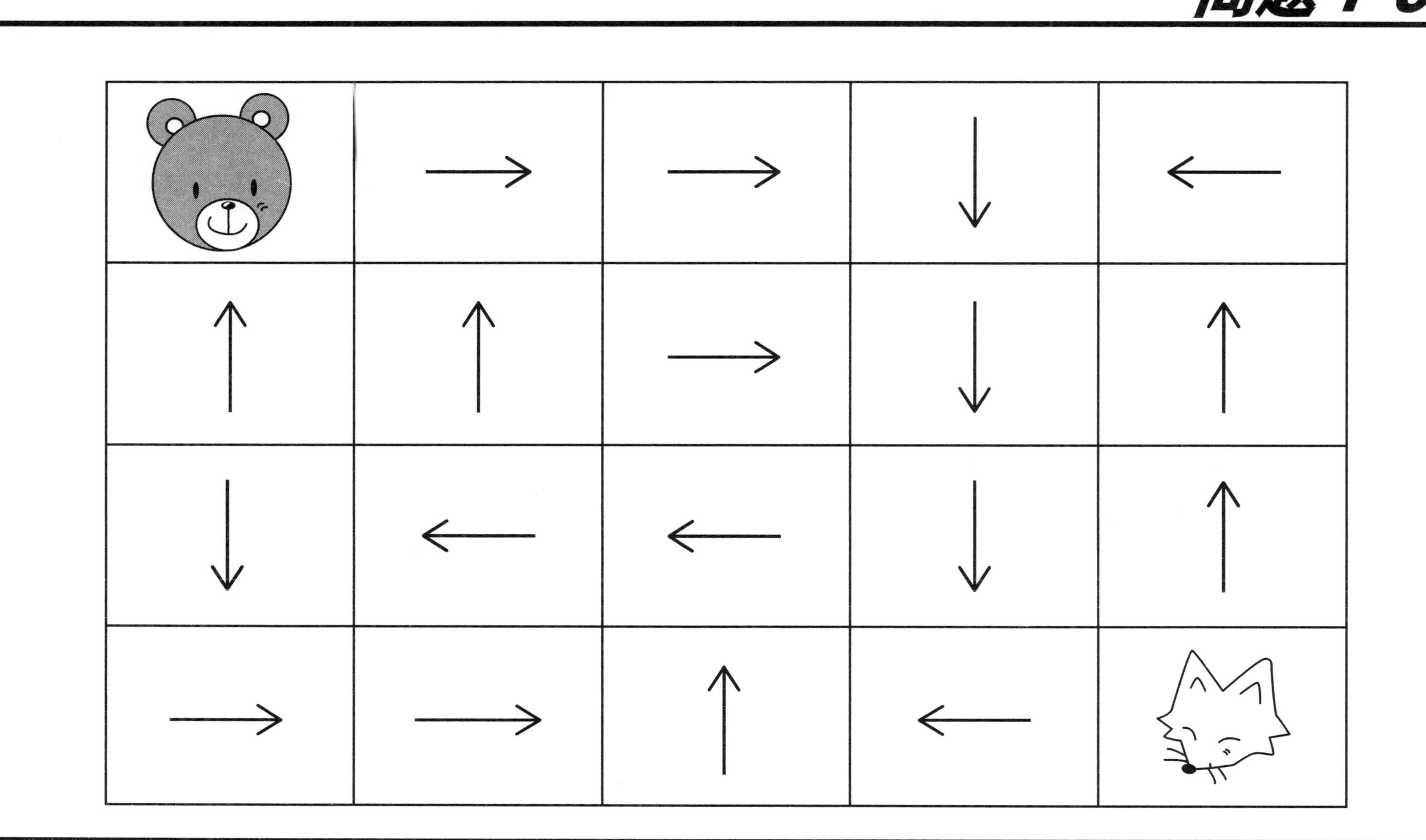

問題１４

①

②

③

④

問題15

①

②

③

問題２０

①

③

②

④

⑤

問題２１

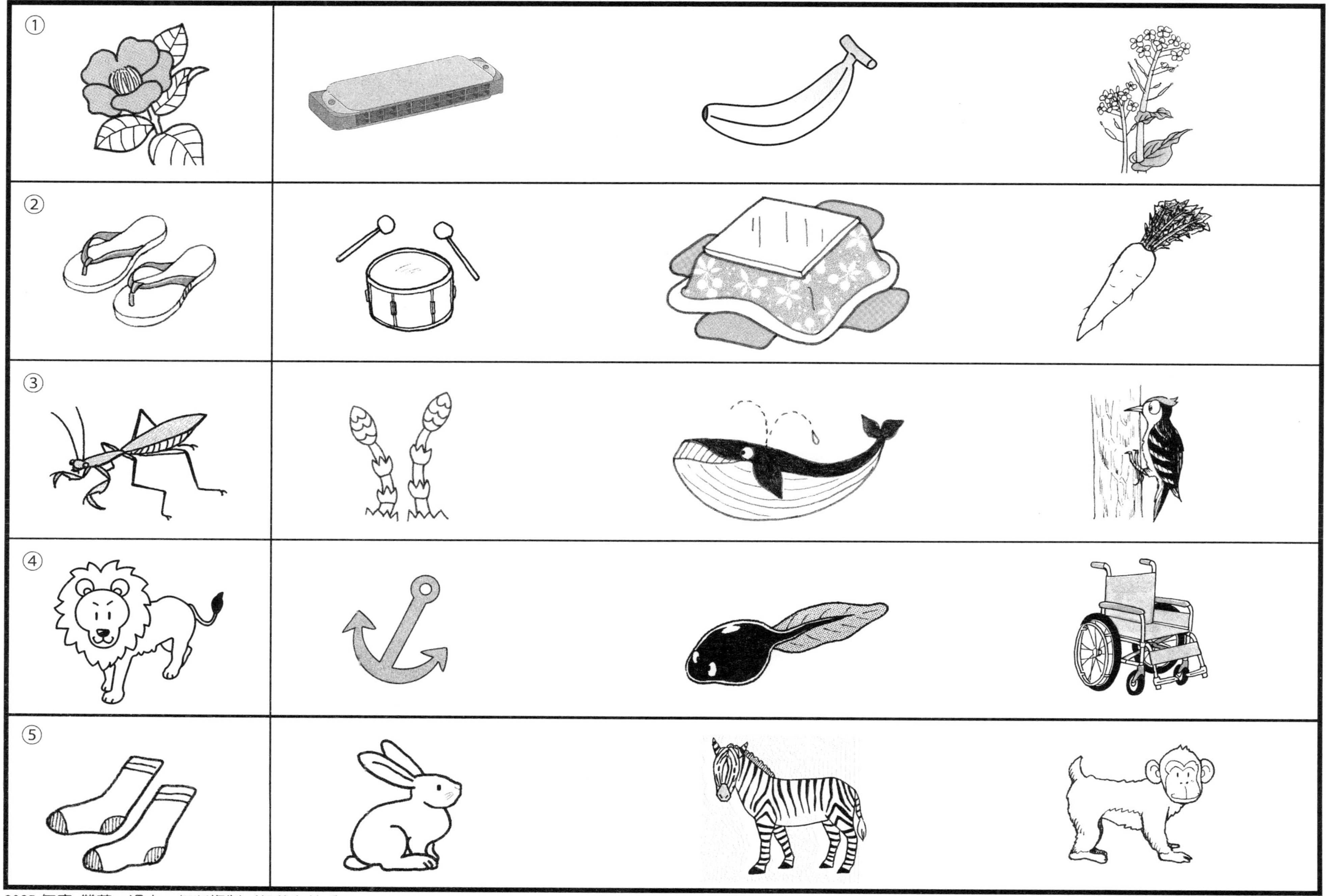

①

②

③

④

⑤

問題22

①

②

③

④

問題２３

①

②

③

④

⑤

⑥

問題２４

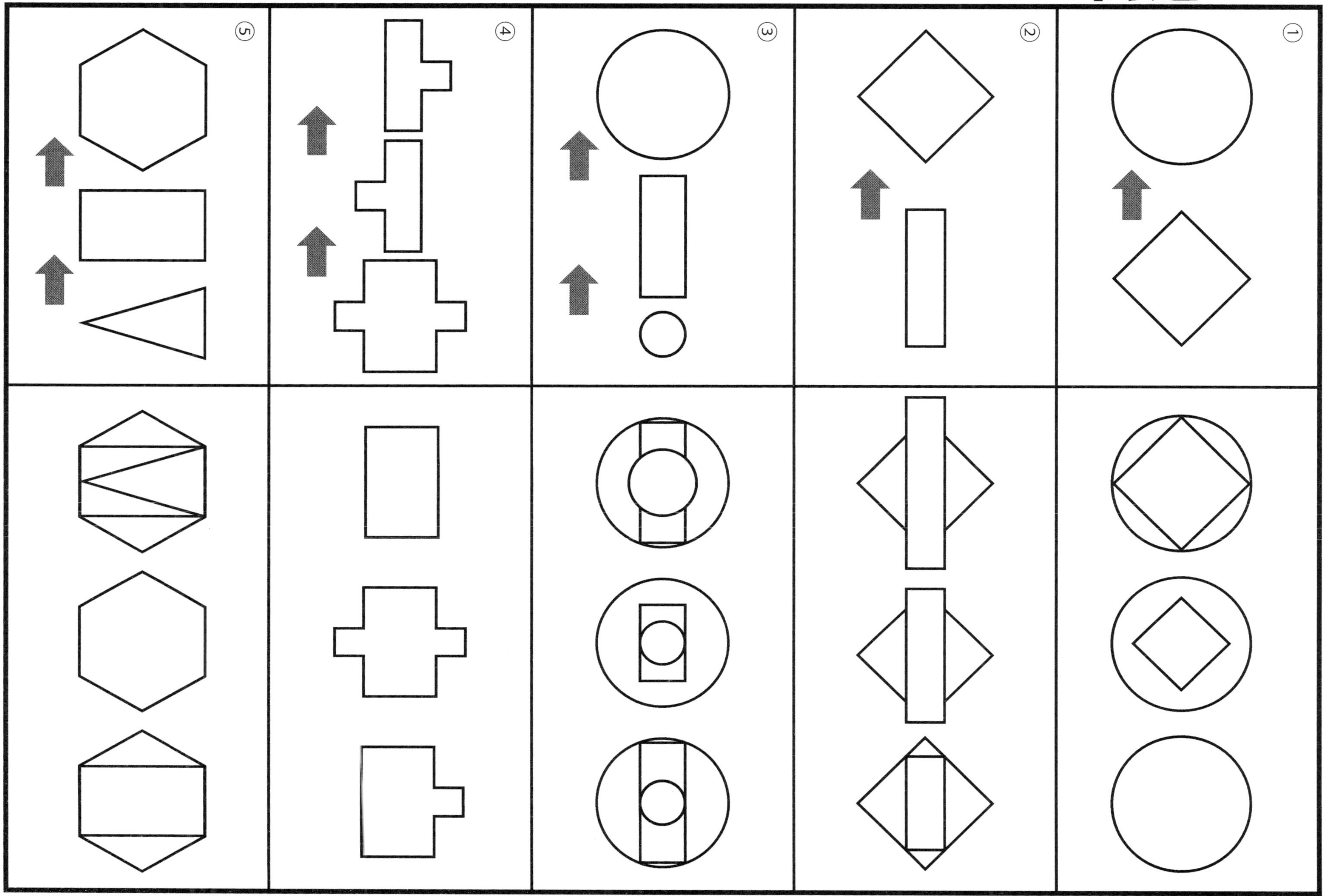

①

②

③

④

⑤

問題２５

問題２６

問題29

①

②

③

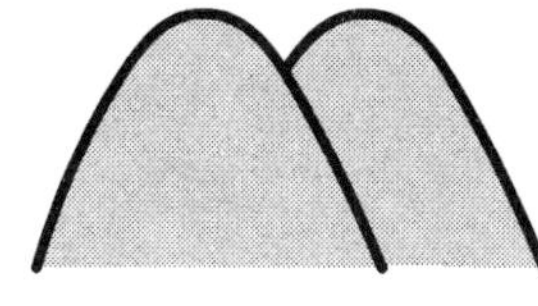  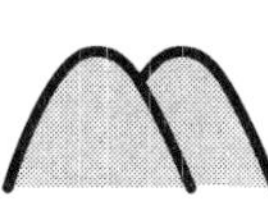  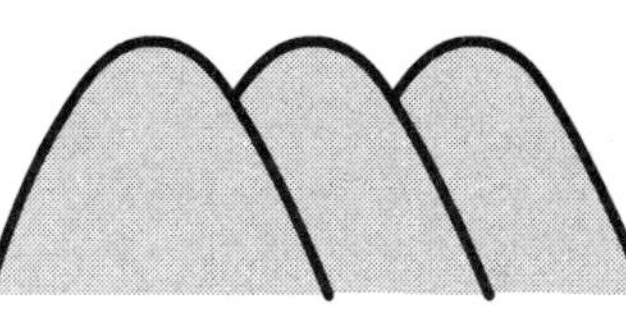

④

 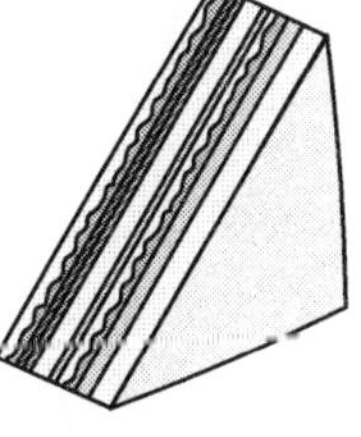   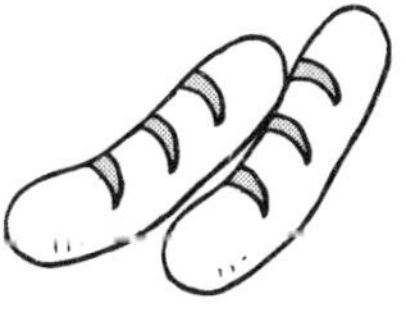

⑤

問題３０

①

②

③

問題３１－１

①

②

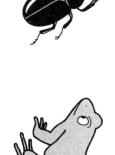

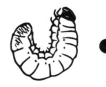

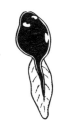

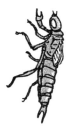

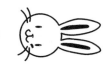

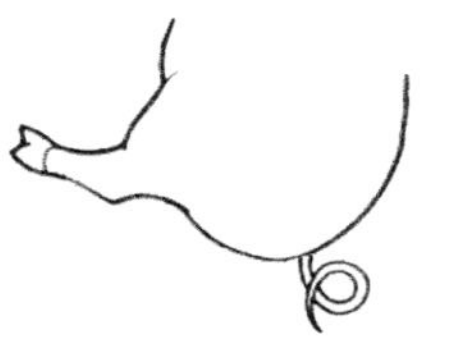

問題３１－２

④

③

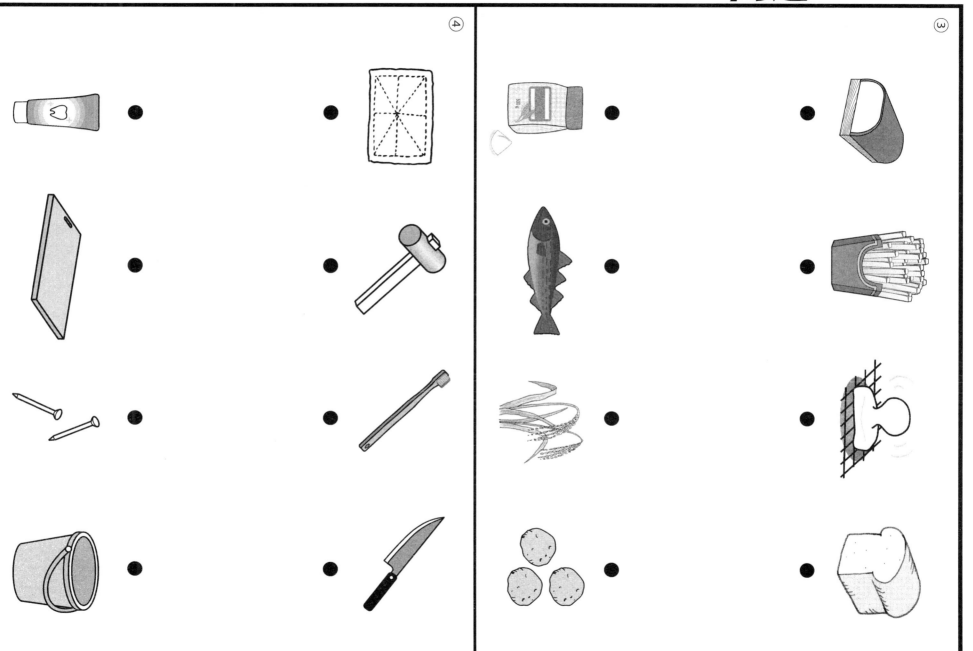

問題32

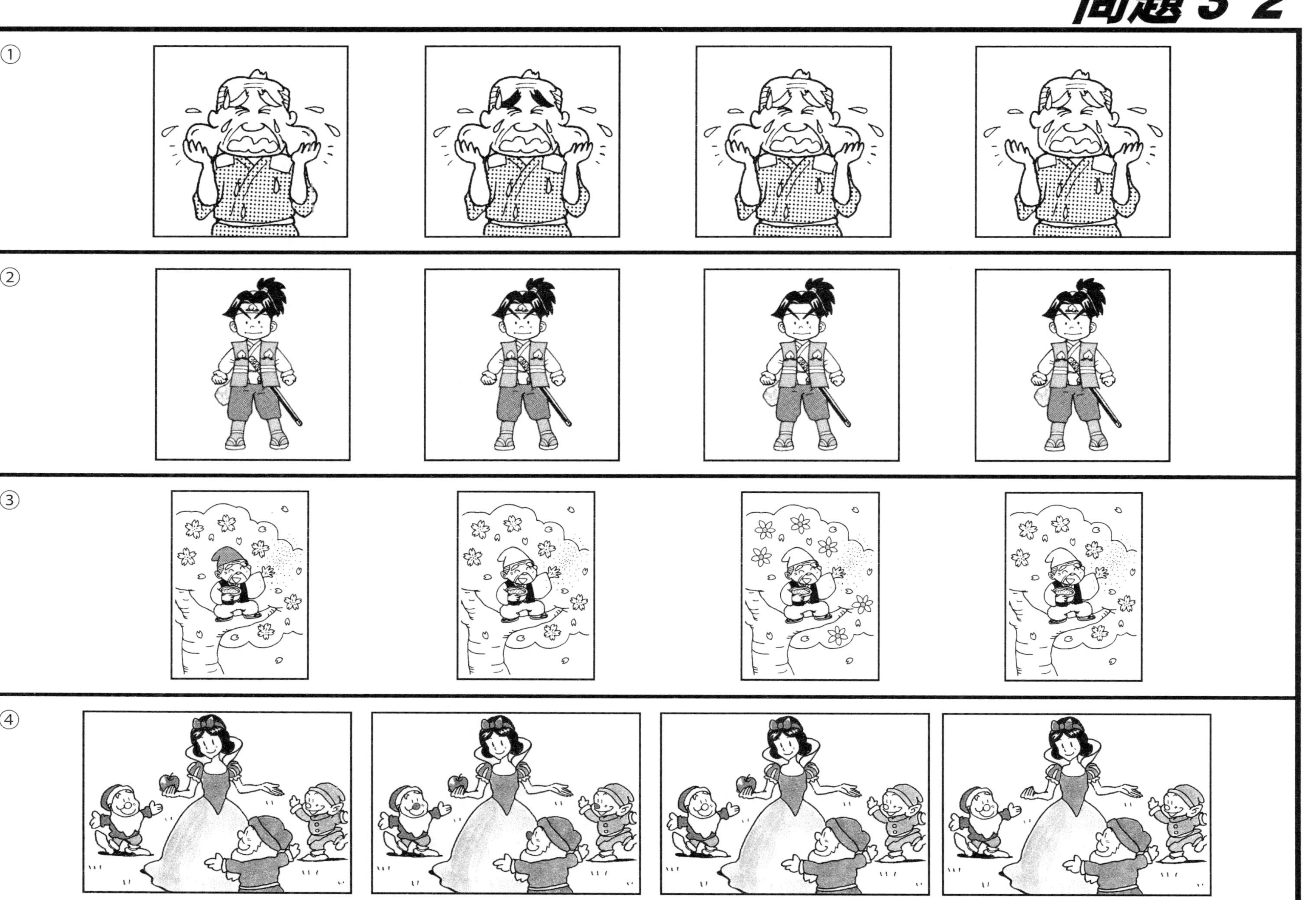

日本学習図書株式会社

問題３３

①

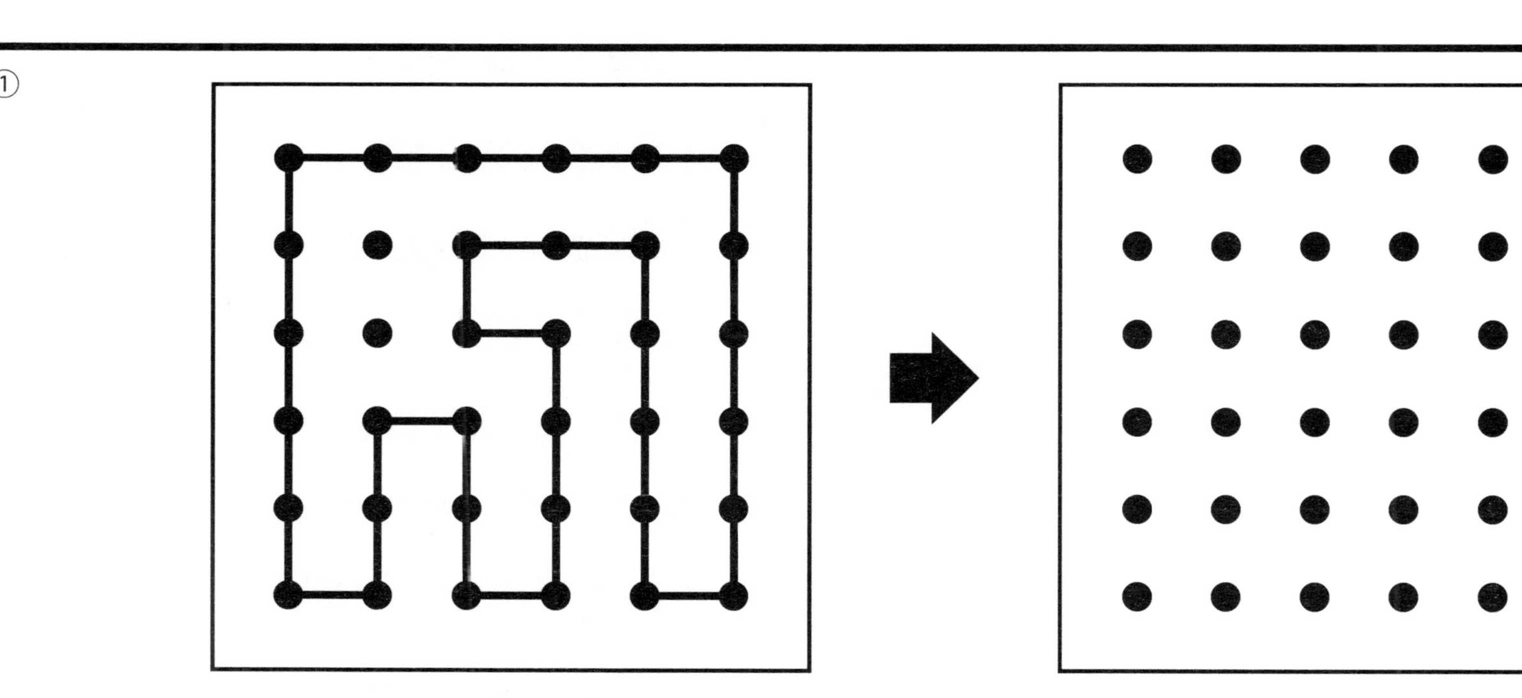
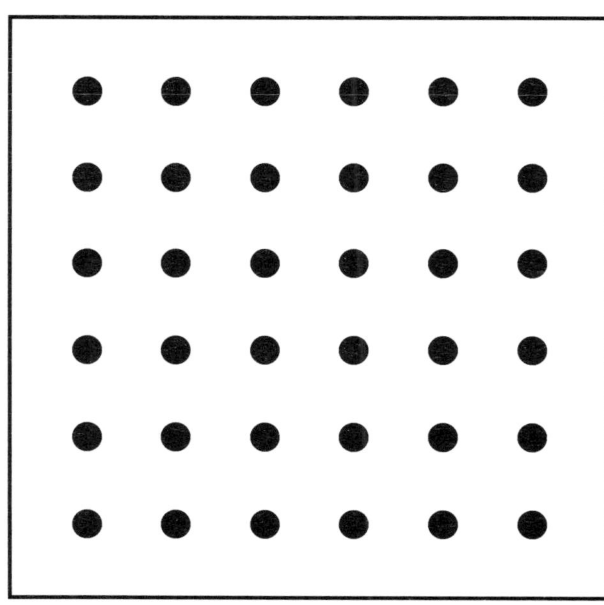

②

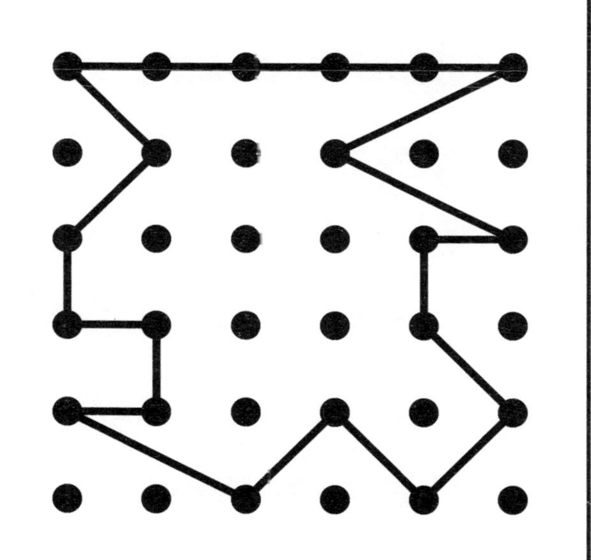

問題33

問題３４

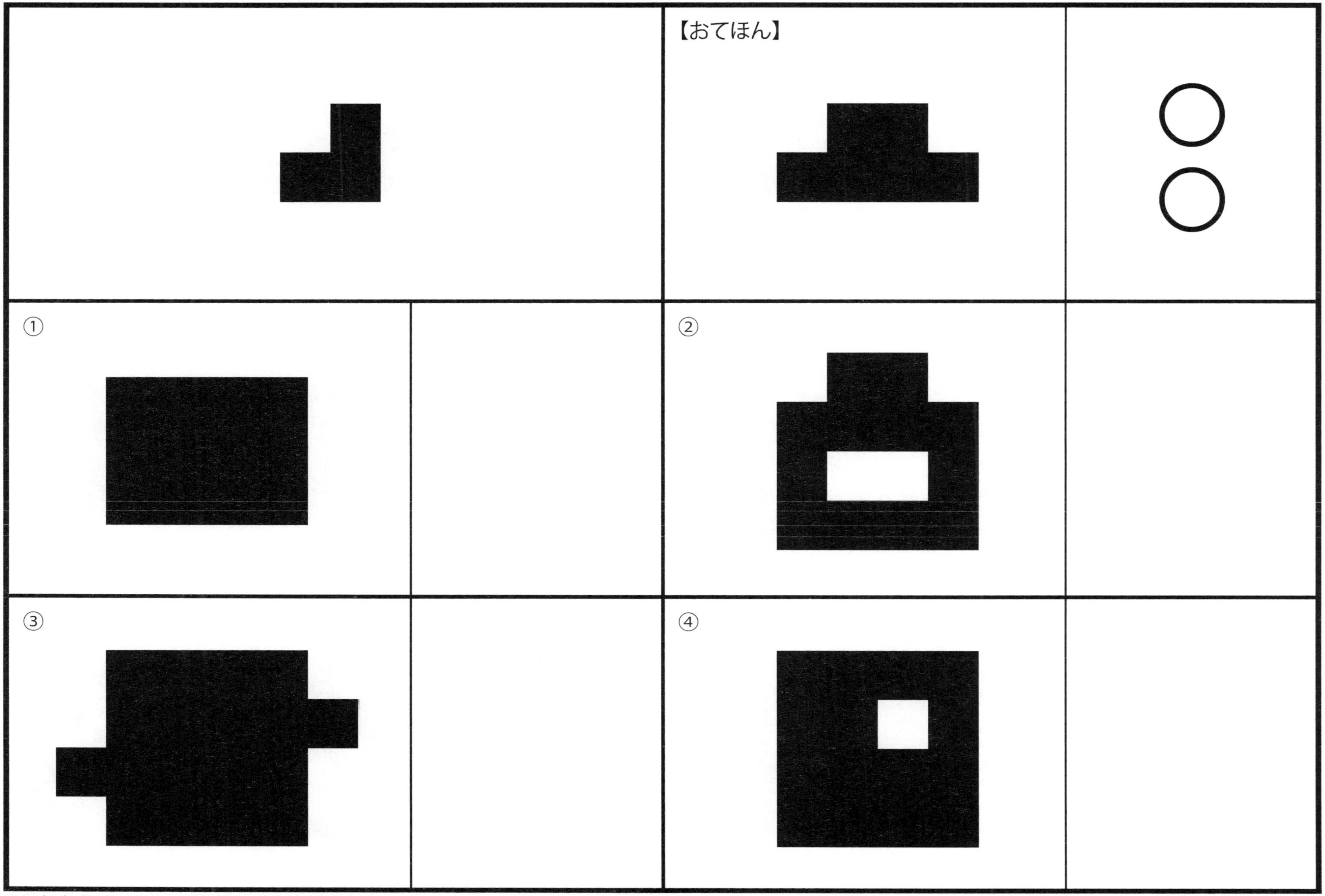

【おてほん】

①

②

③

④

図書カード1000円分プレゼント

ご記入日 令和　　年　　月　　日

☆国・私立小学校受験アンケート☆

※可能な範囲でご記入下さい。選択肢は○で囲んで下さい。

〈小学校名〉＿＿＿＿＿＿＿＿　〈お子さまの性別〉男・女　〈誕生月〉＿＿月

〈その他の受験校〉（複数回答可）＿＿＿＿＿＿＿＿

〈受験日〉①：＿＿月＿＿日　〈時間〉＿＿時＿＿分　～　＿＿時＿＿分

②：＿＿月＿＿日　〈時間〉＿＿時＿＿分　～　＿＿時＿＿分

〈受験者数〉男女計＿＿名（男子＿＿名　女子＿＿名）

〈お子さまの服装〉＿＿＿＿＿＿＿＿

〈入試全体の流れ〉（記入例）準備体操→行動観察→ペーパーテスト

＿＿＿＿＿＿＿＿

Eメールによる情報提供

日本学習図書では、Eメールでも入試情報を募集しております。

下記のアドレスに、アンケートの内容をご入力の上、メールをお送り下さい。

ojuken@nichigaku.jp

●行動観察　（例）好きなおもちゃで遊ぶ・グループで協力するゲームなど

〈実施日〉＿＿月＿＿日　〈時間〉＿＿時＿＿分　～　＿＿時＿＿分　〈着替え〉□有　□無

〈出題方法〉□肉声　□録音　□その他（　　　　）　〈お手本〉□有　□無

〈試験形態〉□個別　□集団（　　人程度）　〈会場図〉

〈内容〉

□自由遊び

＿＿＿＿＿＿＿＿

□グループ活動

＿＿＿＿＿＿＿＿

□その他

＿＿＿＿＿＿＿＿

●運動テスト（有・無）　（例）跳び箱・チームでの競争など

〈実施日〉＿＿月＿＿日　〈時間〉＿＿時＿＿分　～　＿＿時＿＿分　〈着替え〉□有　□無

〈出題方法〉□肉声　□録音　□その他（　　　　）　〈お手本〉□有　□無

〈試験形態〉□個別　□集団（　　人程度）　〈会場図〉

〈内容〉

□サーキット運動

□走り　□跳び箱　□平均台　□ゴム跳び

□マット運動　□ボール運動　□なわ跳び

□クマ歩き

□グループ活動＿＿＿＿＿＿＿＿

□その他＿＿＿＿＿＿＿＿

●知能テスト・口頭試問

〈実施日〉　＿＿月＿＿日〈時間〉＿＿時＿＿分～＿＿時＿＿分〈お手本〉□有 □無

〈出題方法〉 □肉声 □録音 □その他（　　　　　）〈問題数〉＿＿枚＿＿問

分野	方法	内容	詳細・イラスト
（例） お話の記憶	☑筆記 □口頭	動物たちが待ち合わせをする話	（あらすじ） 動物たちが待ち合わせをした。最初にウサギさんが来た。次にイヌくんが、その次にネコさんが来た。最後にタヌキくんが来た。 （問題・イラスト） ３番目に来た動物は誰か
お話の記憶	□筆記 □口頭		（あらすじ） （問題・イラスト）
図形	□筆記 □口頭		
言語	□筆記 □口頭		
常識	□筆記 □口頭		
数量	□筆記 □口頭		
推理	□筆記 □口頭		
その他	□筆記 □口頭		

●制作 （例）ぬり絵・お絵かき・工作遊びなど

〈実施日〉＿＿月＿＿日〈時間〉＿＿時＿＿分＿～＿＿時＿＿分

〈出題方法〉 □肉声 □録音 □その他（　　　　　　）〈お手本〉□有 □無

〈試験形態〉 □個別 □集団（　　　人程度）

材料・道具	制作内容
□ハサミ □のり（□つぼ □液体 □スティック） □セロハンテープ □鉛筆 □クレヨン（　色） □クーピーペン（　色） □サインペン（　色）□ □画用紙（□ A4 □ B4 □ A3 □その他：　　　　　） □折り紙 □新聞紙 □粘土 □その他（　　　　　　）	□切る □貼る □塗る □ちぎる □結ぶ □描く □その他（　　　　　） タイトル：＿＿＿＿＿＿＿＿＿＿

●面接

〈実施日〉＿＿月＿＿日〈時間〉＿＿時＿＿分＿～＿＿時＿＿分〈面接担当者〉＿＿名

〈試験形態〉□志願者のみ（　　）名 □保護者のみ □親子同時 □親子別々

〈質問内容〉

□志望動機　□お子さまの様子

□家庭の教育方針

□志望校についての知識・理解

□その他（　　　　　　　　　　）

（詳　細）

・

・

・

・

※試験会場の様子をご記入下さい。

例

校長先生　教頭先生

㊫　㋙　㊰

出入口

●保護者作文・アンケートの提出（有・無）

〈提出日〉 □面接直前　□出願時　□志願者考査中　□その他（　　　　　　　）

〈下書き〉 □有　□無

〈アンケート内容〉

（記入例）当校を志望した理由はなんですか（150 字）

●説明会（□有　□無）〈開催日〉　　月　　日〈時間〉　時　　分　～　時　　分
〈上履き〉 □要 □不要 〈願書配布〉 □有 □無 〈校舎見学〉 □有 □無
〈ご感想〉

●参加された学校行事（複数回答可）
公開授業〈開催日〉　　月　　日〈時間〉　時　　分　～　時　　分
運動会など〈開催日〉　　月　　日〈時間〉　時　　分　～　時　　分
学習発表会・音楽会など〈開催日〉　　月　　日〈時間〉　時　　分　～　時　　分
〈ご感想〉
※是非参加したほうがよいと感じた行事について

●受験を終えてのご感想、今後受験される方へのアドバイス
※対策学習（重点的に学習しておいた方がよい分野）、当日準備しておいたほうがよい物など

＊＊＊＊＊＊＊＊＊＊＊＊＊ ご記入ありがとうございました ＊＊＊＊＊＊＊＊＊＊＊＊＊

必要事項をご記入の上、ポストにご投函ください。

なお、本アンケートの送付期限は入試終了後３ヶ月とさせていただきます。また、入試に関する情報の記入量が当社の基準に満たない場合、謝礼の送付ができないことがございます。あらかじめご了承ください。

ご住所：〒

お名前：　　　　メール：

ＴＥＬ：　　　　ＦＡＸ：

アンケートのご記入ありがとうございました

ご記入頂いた個人に関する情報は、当社にて厳重に管理致します。弊社の個人情報取り扱いに関する詳細は、www.nichigaku.jp/policy.php の「個人情報の取り扱い」をご覧下さい。

分野別 小学入試練習帳 ジュニアウォッチャー

1. 点・線図形	小学校入試で出題頻度の高い『点・線図形』の模写を、難易度の低いものから段階別に幅広く練習することができるように構成。
2. 座標	図形の位置模写という作業を、難易度の低いものから段階別に練習できるように構成。
3. パズル	様々なパズルの問題を難易度の低いものから段階別に練習できるように構成。
4. 同図形探し	小学校入試で出題頻度の高い、同図形選びの問題を繰り返し練習できるように構成。
5. 回転・展開	図形などを回転、または展開したとき、形がどのように変化するかを学習し、理解を深められるように構成。
6. 系列	数、図形などの様々な系列問題を、難易度の低いものから段階別に練習できるように構成。
7. 迷路	迷路の問題を繰り返し練習できるように構成。
8. 対称	対称に関する問題を４つのテーマに分類し、各テーマごとに問題を段階別に練習できるように構成。
9. 合成	図形の合成に関する問題を、難易度の低いものから段階別に練習できるように構成。
10. 四方からの観察	もの（立体）を様々な角度から見て、どのように見えるかを推理する問題を段階別に整理し、１つの形式で複数の問題を練習できるように構成。
11. いろいろな仲間	ものや動物、植物の共通点を見つけ、分類していく問題を中心に構成。
12. 日常生活	日常生活における様々な問題を６つのテーマに分類し、各テーマごとに一つの問題形式で複数の問題を練習できるように構成。
13. 時間の流れ	『時間』に着目し、様々なものごとは、時間が経過するとどのように変化するのかということを学習し、理解できるように構成。
14. 数える	様々なものを『数える』ことから、数の多少の判定やかけ算、わり算の基礎までを練習できるように構成。
15. 比較	比較に関する問題を５つのテーマ（数、高さ、長さ、量、重さ）に分類し、各テーマごとに問題を段階別に練習できるように構成。
16. 積み木	数える対象を積み木に限定した問題集。
17. 言葉の音遊び	言葉の音に関する問題を５つのテーマに分類し、各テーマごとに問題を段階別に練習できるように構成。
18. いろいろな言葉	表現力をより豊かにするいろいろな言葉として、擬態語や擬声語、同音異義語、反意語、数詞を取り上げた問題集。
19. お話の記憶	お話を聴いてその内容を記憶、理解し、設問に答える形式の問題集。
20. 見る記憶・聴く記憶	「見て憶える」「聴いて憶える」という『記憶』分野に特化した問題集。
21. お話作り	いくつかの絵を元にしてお話を作る練習をして、想像力を養うことができるように構成。
22. 想像画	描かれてある形や景色に好きな絵を描くことにより、想像力を養うことができるように構成。
23. 切る・貼る・塗る	小学校入試で出題頻度の高い、はさみやのりなどを用いた巧緻性の問題を繰り返し練習できるように構成。
24・絵画	小学校入試で出題頻度の高い、お絵かきやぬり絵などクレヨンやクーピーペンを用いた巧緻性の問題を繰り返し練習できるように構成。
25. 生活巧緻性	小学校入試で出題頻度の高い日常生活の様々な場面における巧緻性の問題集。
26. 文字・数字	ひらがなの清音、濁音、拗音、拗長音、促音と１～20までの数字に焦点を絞り、練習できるように構成。
27. 理科	小学校入試で出題頻度が高くなりつつある理科の問題を集めた問題集。
28. 運動	出題頻度の高い運動問題を種目別に分けて構成。
29. 行動観察	項目ごとに問題提起をし、「このような時はどうか、あるいはどう対処するのか」の観点から問いかける形式の問題集。
30. 生活習慣	学校から家庭に提起された問題と思って、一問一問絵を見ながら話し合い、考える形式の問題集。
31. 推理思考	数、量、言語、常識（含理科、一般）など、諸々のジャンルから問題を構成し、近年の小学校入試問題傾向に沿って構成。
32. ブラックボックス	箱や筒の中を通ると、どのようなお約束でどのように変化するかを推理・思考する問題集。
33. シーソー	重さの違うものをシーソーに乗せた時どちらに傾くのか、またどうすればシーソーは釣り合うのかを思考する基礎的な問題集。
34. 季節	様々な行事や植物などを季節別に分類できるように知識をつける問題集。
35. 重ね図形	小学校入試で頻繁に出題されている「図形を重ね合わせてできる形」についての問題を集めました。
36. 同数発見	様々な物を数え「同じ数」を発見し、数の多少の判断や数の認識の基礎を学べるように構成した問題集。
37. 選んで数える	数の学習の基本となる、いろいろなものの数を正しく数える学習を行う問題集。
38. たし算・ひき算１	数字を使わず、たし算とひき算の基礎を身につけるための問題集。
39. たし算・ひき算２	数字を使わず、たし算とひき算の基礎を身につけるための問題集。
40. 数を分ける	数を等しく分ける問題です。等しく分けたときに余りが出るものもあります。
41. 数の構成	ある数がどのような数で構成されているか学んでいきます。
42. 一対多の対応	一対一の対応から、一対多の対応まで、かけ算の考え方の基礎学習を行います。
43. 数のやりとり	あげたり、もらったり、数の変化をしっかりと学びます。
44. 見えない数	指定された条件から数を導き出します。
45. 図形分割	図形の分割に関する問題集。パズルや合成の分野にも通じる様々な問題を集めました。
46. 回転図形	「回転図形」に関する問題集。やさしい問題から始め、いくつかの代表的なパターンから、段階を踏んで学習できるよう編集されています。
47. 座標の移動	「マス目の指示通りに移動する問題」と「指示された数だけ移動する問題」を収録。
48. 鏡図形	鏡で左右反転させた時の見え方を考えます。平面図形から立体図形、文字、絵まで。
49. しりとり	すべての学習の基礎となる「言葉」を学ぶこと、特に「語彙」を増やすことに重点をおき、さまざまなタイプの「しりとり」問題を集めました。
50. 観覧車	観覧車やメリーゴーラウンドなどを舞台にした「回転系列」の問題集。「推理思考」分野の問題ですが、要素として「図形」や「数量」も含みます。
51. 運筆①	鉛筆の持ち方を学び、点線なぞり、お手本を見ながらの模写で、線を引く練習をします。
52. 運筆②	運筆①からさらに発展し、「欠所補完」や「迷路」などを楽しみながら、より複雑な鉛筆運びを習得することを目指します。
53. 四方からの観察 積み木編	積み木を使用した「四方からの観察」に関する問題を練習できるように構成。
54. 図形の構成	見本の図形がどのような部分によって形づくられているかを考えます。
55. 理科②	理科的知識に関する問題を集中して練習する「常識」分野の問題集。
56. マナーとルール	道路や駅、公共の場でのマナー、安全や衛生に関する常識を学べるように構成。
57. 置き換え	さまざまな具体的・抽象的事象を記号で表す「置き換え」の問題を扱います。
58. 比較②	長さ・高さ・体積・数などを数学的な知識を使わず、論理的に推測する「比較」の問題を練習できるように構成。
59. 欠所補完	線と線のつながり、欠けた絵に当てはまるものなどを求める「欠所補完」に取り組める問題集です。
60. 言葉の音（おん）	しりとり、決まった順番の音をつなげるなど、「言葉の音」に関する問題に取り組める練習問題集です。

◆◆ニチガクのおすすめ問題集◆◆

より充実した家庭学習を目指し、ニチガクではさまざまな問題集をとりそろえております!!

ジュニアウォッチャー（既刊 60 巻）

①～⑥⓪（以下続刊）
本体各￥1,500 ＋税

入試出題頻度の高い 9 分野を、さらに 60 の項目に細分化した問題集が出来ました。
苦手分野におけるつまずきを効率よく克服するための 60 冊となっており、小学校受験における基礎学習にぴったりの問題集です。ポイントが絞られているため、無駄なく学習を進められる、まさに小学校受験問題集の入門編です。

国立・私立 NEW ウォッチャーズ

言語 / 理科 / 図形 / 記憶
常識 / 数量 / 推理
各 2 巻・全 14 巻
本体各￥2,000 ＋税

シリーズ累計発行部数 40 万部以上を誇る大ベストセラー「ウォッチャーズシリーズ」の趣旨を引き継ぐ新シリーズができました！
こちらは国立・私立それぞれの出題傾向に合わせた分野別問題集です。全問「解答のポイント」「ミシン目」付き、切り離し可能なプリント学習タイプで家庭学習におすすめです！

まいにちウォッチャーズ（全 16 巻）

導入編 / 練習編
実践編 / 応用編　各 4 巻
本体各￥2,000 ＋税

シリーズ累計発行部数 40 万部以上を誇る大ベストセラー「ウォッチャーズシリーズ」の趣旨を引き継ぐ新シリーズができました！
こちらは、お子さまの学習進度に合わせ、全分野を網羅できる総合問題集です。全問「解答のポイント」「ミシン目」付き、切り離し可能なプリント学習タイプで家庭学習におすすめです！

実践 ゆびさきトレーニング①・②・③

①・②・③　全 3 巻
本体　各￥2,500 ＋税

制作問題に特化した問題集ができました。
有名校が実際に出題した問題を分析し、類題を各 35 問ずつ掲載しています。様々な道具の扱い方（はさみ・のり・セロハンテープの使い方）から、手先・指先の訓練（ちぎる・貼る・塗る・切る・結ぶ）、表現することの楽しさも学習することができる問題集です。

お話の記憶問題集

初級編
本体￥2,600 ＋税
中級編 / 上級編
本体各￥2,000 ＋税

「お話の記憶」分野の問題集ができました。
あらゆる学習に不可欠な、語彙力・集中力・記憶力・理解力・想像力を養うと言われているのが「お話の記憶」という分野です。難易度別に収録されていますので、まずは初級編、慣れてきたら中級編・上級編と学習を進められます。

分野別 苦手克服シリーズ（全 6 巻）

図形 / 数量 / 言語
常識 / 記憶 / 推理
本体各￥2,000 ＋税

お子さまの苦手を克服する問題集ができました。
アンケートに基づき、多くのお子さまが苦手とする数量・図形・言語・常識・記憶の 6 分野を、それぞれ問題集にまとめました。全問アドバイス付きですので、ご家庭において、そのつまづきを解消するためのプロセスも理解できます。

運動テスト・ノンペーパーテスト問題集

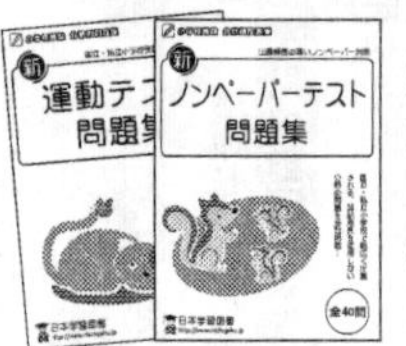

新 運動テスト問題集
本体￥2,200 ＋税

新 ノンペーパーテスト問題集
本体￥2,600 ＋税

ノンペーパーテストは国立・私立小学校で幅広く出題される、筆記用具を使用しない分野の問題を全 40 問掲載しています。
運動テスト問題集は運動分野に特化した問題集です。指示の理解や、ルールを守る訓練など、ポイントを押さえた学習に最適。全 35 問掲載。

口頭試問・面接テスト問題集

新 口頭試問・個別テスト問題集
本体￥2,500 ＋税

面接テスト問題集
本体￥2,000 ＋税

口頭試問は主に個別テストとして口頭で出題解答を行うテスト形式、面接は主に「考え」やふだんの「あり方」をたずねられるものです。
口頭で答える点は同じですが、内容は大きく異なります。想定する質問内容や答え方の幅を広げるために、どちらも手にとっていただきたい問題集です。

小学校受験 厳選難問集　①・②

①・②・③　全 3 巻
本体各￥2,600 ＋税

実際に出題された入試問題の中から、難易度の高い問題をピックアップし、アレンジした問題集です。応用問題への挑戦は、基礎の理解度を測るだけでなく、お子さまの達成感・知的好奇心を触発します。
①は数量・図形・推理・言語、②は位置・常識・比較・記憶分野を掲載しています。各 40 問。

国立小学校　入試問題総集編

A・B・C（全 3 巻）
本体各￥3,282 ＋税

国立小学校頻出の問題を厳選して収録した問題集です。細かな指導方法やアドバイスが掲載してあり、効率的な学習が進められます。
難易度別の収録となっており、お子さまの学習進度に合わせて利用できます。付録のレーダーチャートにより得意・不得意を認識でき、国立小学校受験対策に最適な総合問題集です。

おうちでチャレンジ　①・②

①・②　全 2 巻
本体　各￥1,800 ＋税

関西最大級の模擬試験『小学校受験標準テスト』ペーパー問題を編集した、実力養成に最適な問題集です。延べ受験者数 10,000 人以上のデータを分析し、お子さまの習熟度・到達度を一目で判別できるようになっています。
保護者必読の特別アドバイス収録！学習習熟度を測るためにも、定期的に活用したい一冊です。

Q & A シリーズ

『小学校受験で知っておくべき 125 のこと』
『新 小学校受験の入試面接Q & A』
『新 小学校受験 願書・アンケート文例集 500』

本体各￥2,600 ＋税

「知りたい！」「聞きたい！」
「こんな時どうすれば…？」
そんな疑問や悩みにお答えする、当社で人気の保護者向け書籍です。受験を考え始めた保護者の方や、実際に入試の出願・面接などを控えている直前の保護者の方など、さまざまな場面で参考にしていただける書籍となっています。

書籍についてのご注文・お問い合わせ
☎ 03-5261-8951

http://www.nichigaku.jp
※ご注文方法、書籍についての詳細は、Web サイトをご覧ください。

日本学習図書　検索

『読み聞かせ』×『質問』＝『聞く力』

1話5分の 読み聞かせお話集①②

「アラビアン・ナイト」「アンデルセン童話」「イソップ寓話」「グリム童話」、日本や各国の民話、昔話、偉人伝の中から、教育的な物語や、過去に小学校入試でも出題された有名なお話を中心に掲載。お話ごとに、内容に関連したお子さまへの質問も掲載しています。「読み聞かせ」を通して、お子さまの『聞く力』を伸ばすことを目指します。

①巻・②巻　各48話

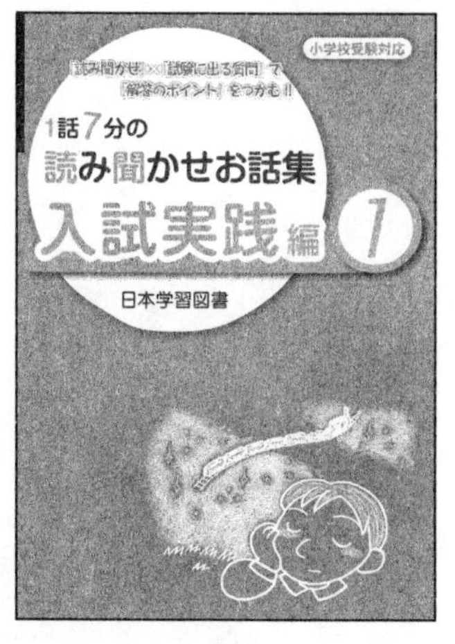

1話7分の読み聞かせお話集 入試実践編①

最長1,700文字の長文のお話を掲載。有名でない＝「聞いたことのない」お話を聞くことで、『集中力』のアップを目指します。設問も、実際の試験を意識した設問としています。ペーパーテスト実施校の多くが「お話の記憶」の問題を出題します。毎日の「読み聞かせ」と「試験に出る質問」で、「解答のポイント」をつかんで臨みましょう！

50話収録

ニチガクの この5冊で受験準備も万全！

小学校受験入門 願書の書き方から面接まで リニューアル版

主要私立・国立小学校の願書・面接内容を中心に、学校選びや入試の分野傾向、服装コーディネート、持ち物リストなども網羅し、受験準備全体をサポートします。

小学校受験で 知っておくべき 125のこと

小学校受験の基本から怪しい「ウワサ」まで、保護者の方々からの 125 の質問にていねいに解答。目からウロコのお受験本。

新　小学校受験の 入試面接Q＆A リニューアル版

過去十数年に遡り、面接での質問内容を網羅。小学校別、父親・母親・志願者別、さらに学校のこと・志望動機・お子さまについてなど分野ごとに模範解答例やアドバイスを掲載。

新　願書・アンケート 文例集 500 リニューアル版

有名私立小、難関国立小の願書やアンケートに記入するための適切な文例を、質問の項目別に収録。合格を掴むためのヒントが満載！願書を書く前に、ぜひ一度お読みください。

小学校受験に関する 保護者の悩みQ＆A

保護者の方約 1,000 人に、学習・生活・躾に関する悩みや問題を取材。その中から厳選した 200 例以上の悩みに、「ふだんの生活」と「入試直前」のアドバイス２本立てで悩みを解決。

日本学習図書株式会社

雙葉小学校　専用注文書

年　　月　　日

合格のための問題集ベスト・セレクション

＊入試頻出分野ベスト３

1st 図　形　思考力　観察力

2nd お話の記憶　聞く力　集中力

3rd 常　識　体　験　知　識

ここ数年で入試問題はやさしくなったように見えますが、ひねった出題や間違えやすい問題もあるので油断できません。お話の記憶・図形・常識分野を中心に基礎から応用までの対策学習が必要です。

分野	書　名	価格(税込)	注文	分野	書　名	価格(税込)	注文
図形	Ｊｒ・ウォッチャー１「点・線図形」	1,650円	冊	数量	Ｊｒ・ウォッチャー38「たし算・ひき算１」	1,650円	冊
図形	Ｊｒ・ウォッチャー３「パズル」	1,650円	冊	数量	Ｊｒ・ウォッチャー39「たし算・ひき算２」	1,650円	冊
図形	Ｊｒ・ウォッチャー４「同図形探し」	1,650円	冊	数量	Ｊｒ・ウォッチャー42「一対多の対応」	1,650円	冊
図形	Ｊｒ・ウォッチャー６「系列」	1,650円	冊	数量	Ｊｒ・ウォッチャー43「数のやりとり」	1,650円	冊
図形	Ｊｒ・ウォッチャー９「合成」	1,650円	冊	図形	Ｊｒ・ウォッチャー45「図形分割」	1,650円	冊
常識	Ｊｒ・ウォッチャー11「いろいろな仲間」	1,650円	冊	言語	Ｊｒ・ウォッチャー49「しりとり」	1,650円	冊
常識	Ｊｒ・ウォッチャー12「日常生活」	1,650円	冊	推理	Ｊｒ・ウォッチャー50「観覧車」	1,650円	冊
言語	Ｊｒ・ウォッチャー18「いろいろな言葉」	1,650円	冊	巧緻性	Ｊｒ・ウォッチャー51「運筆①」	1,650円	冊
巧緻性	Ｊｒ・ウォッチャー25「生活巧緻性」	1,650円	冊	巧緻性	Ｊｒ・ウォッチャー52「運筆②」	1,650円	冊
常識	Ｊｒ・ウォッチャー27「理科」	1,650円	冊	常識	Ｊｒ・ウォッチャー55「理科②」	1,650円	冊
観察	Ｊｒ・ウォッチャー29「行動観察」	1,650円	冊	推理	Ｊｒ・ウォッチャー57「置き換え」	1,650円	冊
推理	Ｊｒ・ウォッチャー33「シーソー」	1,650円	冊		１話５分の読み聞かせお話集①・②	1,980円	各　冊
常識	Ｊｒ・ウォッチャー34「季節」	1,650円	冊		新口頭試問・個別テスト問題集	2,750円	冊
数量	Ｊｒ・ウォッチャー37「選んで数える」	1,650円	冊		新小学校受験の入試面接Ｑ＆Ａ	2,860円	冊

合計	冊	円

(フリガナ) 氏　名	電　話 ＦＡＸ E-mail
住所　〒　　　－	以前にご注文されたことはございますか。 有　・　無

★お近くの書店、または記載の電話・FAX・ホームページにてご注文をお受けしております。
電話：03-5261-8951　FAX：03-5261-8953　代金は書籍合計金額＋送料がかかります。
※なお、落丁・乱丁以外の理由による商品の返品・交換には応じかねます。
★ご記入頂いた個人に関する情報は、当社にて厳重に管理致します。なお、ご購入の商品発送の他に、当社発行の書籍案内、書籍に関する調査に使用させて頂く場合がございますので、予めご了承ください。

日本学習図書株式会社
https://www.nichigaku.jp

家庭学習をトータルサポート！ ニチガクのオリジナル 効果的 学習法

1 まずはアドバイスページを読む！

対策や試験ポイントがぎっしりつまった「家庭学習ガイド」。しっかり読んで、試験の傾向をおさえよう！

2 問題をすべて読み、出題傾向を把握する

3 「学習のポイント」で学校側の観点や問題の解説を熟読

4 はじめて過去問題にチャレンジ！

5 プラスα 対策問題集や類題で力を付ける

過去問のこだわり

ピンク色です

最新問題は問題ページ、イラストページ、解答・解説ページが独立しており、お子さまにすぐに取り掛かっていただける作りになっています。
ニチガクの学校別問題集ならではの、学習法を含めたアドバイスを利用して効率のよい家庭学習を進めてください。

各問題のジャンル

問題4 分野：系列

〈準備〉 クーピーペン（赤）

〈問題〉 左側に並んでいる3つの形を見てください。真ん中の抜けているところには右側のどの四角が入ると繋がるでしょうか。右側から探して○を付けてください。

〈時間〉 30秒

〈解答〉 ①真ん中 ②右 ③左

アドバイス

複雑な系列の問題です。それぞれの問題がどのような約束で構成されているのか確認をしましょう。この約束が理解できていないと問題を解くことができません。また、約束を見つけるとき、一つの視点、考えに固執するのではなく、色々と着眼点を変えてとらえるようにすることで発見しやすくなります。この問題では、①と②は中の模様が右の方へまっすぐ1つずつ移動しています。③は4つの矢印が右の方へ回転して1つずつ移動しています。それぞれ移動のし方が違うことに気が付きましたでしょうか。系列にも様々な出題がありますので、このような系列の問題も学習しておくことをおすすめ致します。系列の問題は、約束を早く見つけることがポイントです。

【おすすめ問題集】
Ｊｒ・ウォッチャー６「系列」

アドバイス

各問題の解説や学校の観点、指導のポイントなどを教えます。
今日から保護者の方が家庭学習の先生に！

おすすめ対策問題集

分野ごとに対策問題集をご紹介。苦手分野の克服に最適です！
＊専用注文書付き。

2025年度版 雙葉小学校 過去問題集

発行日 2024年6月28日
発行所 〒162-0821 東京都新宿区津久戸町 3-11-9F
日本学習図書株式会社
電 話 03-5261-8951 ㈹

ISBN978-4-7761-5553-9

C6037 ¥2100E

定価 2,310 円
（本体 2,100 円 + 税 10%）

9784776155539

1926037021001

詳細は https://www.nichigaku.jp 日本学習図書 検索